인물로 보는 일본역사 제1권

왜 5왕
수수께끼의 5세기 왜국 왕

차례
Contents

한·일, 진정한 동아시아의 동반자로서 공존하는 길

우리는 종종 한·일 관계를 가깝고도 먼 이웃에 비유하여 말합니다만 바다를 사이에 두고 먼 옛날 원시시대부터 서로 밀접한 관계를 맺어왔습니다. 그동안에 많은 선린 우호의 관계가 있었는가 하면 대립과 갈등의 시기가 있었던 것도 사실입니다. 특히 근대 이후에 전개된 일련의 정치적 과정과 식민지 경험은 일본에게는 한국인에 대한 멸시의 감정을, 한국인에게는 일본에 대한 반감을 증폭시키는 역할을 하였습니다.

한국과 일본은 오랜 역사적 전통을 가지고 있으며 그 속에서 각각 민족적 자긍심과 문화적 자부심을 키워왔습니다.

이것이 때로는 상대방에 대한 우월감으로 나타나 멸시의 감정으로 전이되기도 하였고 또 민족적 자존심을 상하게 하는 일도 있었습니다. 그렇지만 한국과 일본은 동아시아의 동반자로서 공존과 상호 번영의 길로 가야 합니다. 그것이 양국의 미래지향적인 모습이 되어야 할 것입니다.

그 길로 가기 위해서는 우리에게 하나의 전제가 놓여 있습니다. 그것은 일본을 잘 알아야 한다는 점입니다. '일본을 잘 모르고 있다'라는 자성의 목소리를 과거 심심찮게 들을 수 있었습니다. 그렇다면 그 목소리는 지금 무의미한 것이 되어 있을까요? 아마 그렇지 않을 것입니다.

한·일 관계를 생각할 때 아마도 2019년은 향후에도 오래도록 기억되는 한 해가 될지도 모르겠습니다. 강제노역을 둘러싼 기업의 배상 판결과 그에 대한 일본의 반발, 아베 정권의 한국 반도체 소재에 대한 경제보복과 한국 국민들의 자발적 '일본 제품 불매' 운동, 전례 없이 악화된 한·일 관계 위에 아베 정권은 평화헌법의 개헌을 추진하기 위해 더욱 한 발자국 나아가고 있는 것이 오늘의 상황입니다.

비가 온 뒤에 땅이 굳어지듯이 작금의 이 상황이 양국 관계가 더욱 돈독해지는 계기가 될 것인지, 아니면 감정의 골이 더욱 깊어져 모두가 불행해지는 상황으로 갈지, 어쩌면 그 새로운 시작의 분기점이 되는 해가 지금 우리가 살고 있는 2019년이 될지도 모른다는 생각을 하게 됩니다.

지금 우리에게 필요한 것은 일본에 대한 차분한 성찰입니다. 그런 점에서 이번에 기획한 '인물로 보는 일본역사' 시리즈는 고대부터 근·현대에 이르기까지 일본의 역사 과정에 족적을 남긴 주요 인물들에 대한 전기(傳記)입니다.

백제의 불교를 받아들여 일세를 풍미했던 소가씨, 가마쿠라(鎌倉) 막부의 중세 무사정권의 전형을 보여준 미나모토노 요리토모, 전국시대를 통일하고 조선 침략을 강행하였던 도요토미 히데요시, 한반도 침략의 원흉으로 지탄받아 안중근 의사에게 저격당한 이토 히로부미, 일본 근대 자본주의의 아버지로 불리는 시부사와 에이이치 등 다채로운 인물에 대한 이야기를 만들어보았습니다.

이 '인물로 보는 일본역사' 시리즈는 일본사에 대한 일반인의 이해를 심화시키고 관심의 확대를 도모하기 위해 기획된 교양서입니다. 일본사의 각 시대별 전공자들이 해당 시기의 주요 인물을 골라 비교적 쉽게 일반 독자들에게 전달하기 위해 노력하였습니다. 이 기획 시리즈는 당초 일본사학회의 전임 회장이신 방광석 교수님의 추진력과 아울러 집필을 맡아주신 11분의 교수님, 각종 실무를 맡은 기획이사 홍성화 교수님이 많은 수고를 해주신 덕분에 나올 수 있었습니다. 아담한 책으로 만들어주신 살림출판사의 노고에도 감사

드립니다.

　앞으로 이 시리즈를 통해 일본 역사의 주요 인물과 그가 살았던 시대에 대한 이해가 깊어지고 관심 또한 더욱 넓어질 수 있기를 기대합니다.

2019년 7월 20일

일본사학회 회장　이재석

머리말

5세기 한·일 관계와 왜 5왕

흔히들 5세기의 일본열도를 '왜(倭) 5왕(王)의 시대'라고
이야기하고 있다. 이는 당시 중국 남조(南朝)에 조공 외교를
했던 찬(讚)·진(珍)·제(濟)·흥(興)·무(武)라는 다섯 명의 왜왕
이 중국(中國)의 정사(正史)에 등장하고 있기 때문이다. 하지
만 문제는 이들 왜왕이 일본 측의 사서인 『고사기(古事記)』와
『일본서기(日本書紀)』에 나오는 천황과 일치하지 않는다는
데 있다.

일본 고대사의 주요한 문헌사료인 『고사기』와 『일본서기』
는 후대 천황주의적인 사관에 입각하여 다수의 과장과 왜곡
을 보이고 있다. 특히 연대에 있어서 많은 문제점을 보이고

있어 5세기대의 이들 왜 5왕을 『고사기』와 『일본서기』에 나오는 천황에 해당하는 것인가에 대한 논쟁은 지금까지도 이어져오고 있다.

사실 5세기의 일본열도가 어떠했는지에 대해서는 학자들 사이에서도 갑론을박할 정도로 아직도 수수께끼에 쌓여 있다. 5세기대 일본열도에는 기존에 야마토라 부르는 나라(奈良) 지역 외에 오늘날 오사카 일대에 해당하는 가와치(河內) 지역에 모즈(百舌鳥)고분군이나 후루이치(古市)고분군 등 거대고분군이 나타나고 있다. 이러한 상황은 일본 내에서도 왕조교체론(王朝交替論)이라는 논쟁을 불러일으켰으며 이와 맞물려 5세기대의 왜(倭) 왕권이 어떠했는지에 대한 궁금증을 증폭시키고 있다. 이렇듯 5세기 왜국의 상황을 확정적으로 설명하는 데에는 역사고고학적인 시각에서 여러 가지 난점이 있다.

그럼에도 왜 5왕의 시대는 왜(倭)가 규슈에서 간토 지역까지 지배력을 확대하고 급기야 한반도 남부에까지 군사적 지배권을 가진 것으로 이해하는 것이 일본학계의 통설이다. 이는 이른바 '임나일본부설'을 뒷받침해주는 중요한 기둥 가운데 하나로 일본의 각종 교과서에도 이러한 내용을 기술하고 있다. 그렇다면 과연 5세기 왜 5왕의 시대에 이들이 한반도 남부에 군사적 지배권을 가지고 있었던 것일까?

어느 때보다도 한·일 관계가 악화되고 있는 작금의 상황에서, 일본인의 인식 속에 잠재해 있는 갈등의 시작점에는 '임나일본부설'이라는 일본의 역사 왜곡이 자리하고 있다.

따라서 왜 5왕은 대체 누구이고 당시 일본열도의 상황이 어떠하였으며, 당시 한반도와 일본열도의 정세는 어떠했는지 살펴보아야 한다. 이는 우리의 고대사를 이해하는 데에 있어서뿐만이 아니라 일본의 역사 왜곡을 바로잡는 데에 매우 중요한 주제가 아닐 수 없기 때문이다.

제1장 『송서』에 보이는 왜 5왕

5세기의 동아시아

5세기의 동아시아는 한반도와 중국대륙 모두 분열되어 있는 상황이었다. 특히 한반도의 5세기는 고구려와 백제가 자웅을 겨루면서 다투고 있는 시기였다. 4세기 후반 백제의 근초고왕에 의해 패했던 고구려는 광개토왕대에 들어와 백제를 공격하면서 5세기에는 점차 백제를 압박하기 시작했다. 결국 475년 장수왕에 의해 개로왕이 죽임을 당하고 백제는 한성을 버리고 웅진으로 도읍을 옮기는 상황이 벌어졌다.

5세기의 중국은 남북조로 나뉘어 있었다. 북조는 439년부

북 위
(386~534년)

고 구 려

두만강

백두산

평성

암록강

동 해

황허강

황 해

백제

신라

가야

낙양

왜 야마토

건강

양쯔강

회계

왜 5왕의 사신 추정 경로

송
(420~479년)

5세기의 동아시아 상황

터 북위(北魏, 386~534)가 화북 지역을 장악하고 있었고 남조
는 송(宋, 420~479)이라는 나라가 자리하고 있었다. 이 당시
남조의 송은 유유(劉裕)가 세웠던 나라로 후대 조광윤(趙匡
胤)이 세웠던 송(宋, 960~1279)과 구별하여 유송(劉宋)이라고
도 부른다.

이렇듯 당시 5세기 동아시아의 상황을 알려주는 사서로
『송서(宋書)』라는 책이 있다. 남조의 송이 멸망한 후 남제(南
齊) 무제(武帝)의 명에 의해 심약(沈約, 441~513)이라는 사람

이 송에 대한 역사를 쓴 책이다. 479년에 송이 멸망한 지 얼마 되지 않아 쓰였고 관련 당사자들이 살아 있는 기간에 쓴 것이기 때문에 상대적으로 사료적 가치가 높은 책으로 평가되고 있다.

그런데 이 책에는 한동안 잘 알려지지 않았던 바다 건너 왜국의 상황을 알 수 있는 내용이 기술되어 있다. 『송서』에는 왜에서 송나라로 조공을 했던 다섯 명의 왜왕이 등장한다. 이른바 '왜 5왕'으로 불리는 이들은 「왜국전(倭國傳)」에서 찬(讚)·진(珍)·제(濟)·흥(興)·무(武)라는 이름으로 기술되어 있다. 『송서』에는 찬이

『송서』 「왜국전」

421년과 425년 송에 조공을 한 것을 시작으로, 진이 438년에, 제가 443년과 451년에, 흥은 462년, 무는 478년에 중국에 사절을 파견한 것으로 기록되어 있다. 그렇다면 대체 이들 왜 5왕은 어떤 인물이었으며 왜 중국에 와서 송에게 무엇을 요구했던 것일까?

우선 『송서』에 나타난 조공 기록을 통해 이들의 행적을 살펴보기로 하자.

왜왕 찬(讚)

3세기 초 일본열도의 상황을 알려주는 『삼국지(三國志)』「왜인전」의 기록 이후 약 150년 동안 중국 사료에 왜국이 등장하지 않아 중국과 통교의 공백기를 보이고 있다. 그러다가 5세기에 들어 왜국과의 통교 기사가 처음 등장하는 것은 동진(東晉, 317~420) 때의 역사를 기록한 『진서(晉書)』에서다.

기록에 따르면 413년 왜가 고구려와 함께 동진에 방물을 바친 것으로 되어 있다. 그러나 이때 왜왕의 이름이 나타나지 않아 동진에 사신을 보낸 왜왕이 누구인지에 대해서는 알 수 없다. 또한 이것이 동진에 정식 파견한 것인지에 대해서도 논란이 있다. 그 후 420년 송이 들어서자 421년 처음으로 조공을 하면서 왜왕 찬의 이름이 등장하기 시작한다.

> 왜(倭)의 찬(讚)은 1만여 리로부터 조공을 해왔으니 멀리서
> 정성을 다함이 무척 밝으므로 제수(除授)를 내림이 마땅하다.
>
> (『송서』「왜국전」421년 영초永初 2년)

> 찬이 사마조달(司馬曹達)을 보내 표를 바치고 방물을 헌상하
> 였다.　　　　　　　　　　(『송서』「왜국전」425년 원가元嘉 2년)

『송서』「왜국전」뿐만 아니라 이후 『송서』「본기」에도
430년(원가元嘉 7년) 1월 왜국왕이 사신을 보내 방물을 헌상
했다는 기록이 있는데, 이것도 찬이 보냈을 가능성이 크다.
찬이 송에 조공을 한 421년은 송이 동진으로부터 선양을 받
아 건국된 다음해가 된다.

이보다 조금 앞선 시기에 왜국은 한반도의 전쟁에 참여했
던 경험이 있었다. 고구려의 광개토왕비문에 따르면 400년
에 왜의 군사가 한반도에 처음으로 파병되고 있다. 그 규모
는 알 수 없지만, 당시 고구려와 싸우던 백제의 지원군으로
참여하였다. 백제 아신왕이 고구려에게 공격당하고 이후 태
자 전지가 왜국에 파견되어 왜국의 지원군이 한반도에 왔
던 것이다. 이때 왜국이 신라를 공격하였지만 신라는 고구려

에게 도움을 요청했고 왜는 고구려에 의해 패퇴되는 상황에 이르게 된다.

왜국의 입장에서는 이때 일본열도를 벗어나 동아시아의 국제전쟁에 처음으로 참가했던 것이 된다. 이러한 상황은 비로소 왜국이 국제사회에 대해 눈을 뜨게 된 계기가 되었을 것이다. 그동안 고구려나 백제가 중국 대륙과 관계를 맺고 성장하고 있던 것을 알게 된 왜국은 자신들도 이러한 국제 관계에 자극을 받아 송에 조공을 하게 되었을 것이다.

이 당시 송은 주변 나라에 건국을 기리는 측면에서 작호를 제수하였다. 고구려의 장수왕은 제2품인 정동대장군(征東大將軍)을, 백제의 전지왕은 제2품인 진동대장군(鎭東大將軍)을 받았다. 당시 송에 대한 왜국의 조공이 백제의 작호 제수 직후에 있었던 것으로 보아 왜왕 찬은 백제로부터 송에 대한 정보를 얻은 후에 사신을 파견했을 가능성이 크다.

그러나 당시 송이 왜왕 찬에 대해서는 관작을 수여하였지만 구체적인 관작에 대해서는 남아 있는 것이 없다. 일단 『송서』 「왜국전」의 기록을 통해 보면 찬이 왜국에서 정통성이 있는 왕으로 인정되었을 가능성이 크다. 때문에 438년 왜왕 진이 송으로부터 '안동장군(安東將軍) 왜국왕(倭國王)'의 칭호를 받았던 것을 참고하면 찬도 '안동장군 왜국왕'의 칭호를 받았을 것으로 생각된다. 이는 고구려나 백제보다는 서열이 낮은 작호였다.

왜왕 진(珍)

『송서』본기 438년(원가 15년) 4월조에는 왜왕 진이 안동장
군에 제수되었다는 기록이 있다. 이는 『송서』「왜국전」에 나
오는 다음 기사에 기인한 것으로 보인다.

　　찬이 죽고 동생 진(珍)이 왕위를 이어 사신을 보내 헌상했다.
　스스로 사지절도독(使持節都督) 왜(倭)·백제(百濟)·신라(新
羅)·임나(任那)·진한(秦韓)·모한(慕韓) 육국제군사(六國諸軍事)·
안동대장군(安東大將軍) 왜국왕(倭國王)을 칭하며 제수를 요구
했다.
　안동장군 왜국왕으로 제수했다.
　진이 왜수(倭隋) 등 13인을 평서(平西)·정로(征虜)·관군(冠
軍)·보국장군(輔國將軍)에 제수해 줄 것을 요청하여 모두 허락
받았다.　　　　　　　　　　　　　　　　　　　(『송서』「왜국전」)

　왜국 찬의 동생인 진에 대해 『양서(梁書)』에서는 미(彌)로
기록되어 있다. 그런데 이때 송에 사신을 보냈던 진이 송에

게 작호를 내려달라고 하면서 스스로 칭했던 내용이 우리를 놀라게 한다. '사지절도독 왜·백제·신라·임나·진한·모한 육국제군사 안동대장군 왜국왕'을 자칭하면서 승인해주기를 요청하고 있는 것이다.

'절(節)'이라는 것은 황제의 권한을 상징하는 것이고 '도독 (都督)··· 제군사(諸軍事)'라는 것은 절을 부여받은 장군이 독자적인 권한으로 나열된 지역의 군사를 감독한다는 것을 의미한다. 왜·백제·신라·임나·진한·모한이라고 하면 왜와 한반도 남부를 포함하는 지역이다. 그렇다면 왜국의 진이 조공하면서 송에 한반도 남부에 대한 제군사권(諸軍事權)을 요구하고 있는 형국이다. 이러한 상황을 어떻게 이해해야 할 것인가?

우선 작호 대상 지역 가운데 눈에 띄는 것은 진한(秦韓)과 모한(慕韓)이다. 이는 당시 실재하지 않았던 지역이다. 만약 진한과 모한을 진한(辰韓)과 마한(馬韓)으로 본다 하더라도 여러 사료의 기록에는 4세기 이후 마한이나 진한의 존재가 더 이상 드러나지 않는다. 이 지역은 당시 신라와 백제에 소멸되었기 때문에 신라와 백제와는 서로 중복이 되고 있다. 이러한 것을 통해 보면 작호라는 것이 본래 실재성이 없는 형식적인 칭호였다는 것을 알 수 있다.

통상 5세기를 통해 송으로부터 고구려왕은 정동장군, 백제는 진동장군, 왜왕은 안동장군에 각각 임명되었다. 중국의 관직제도에는 서열이 존재하고 있는데 『송서』「백관지(百官志)」에 따르면 이들 모두는 제3품에 해당하며 사안장군(四安將軍: 안동·안서·안남·안북 장군)에서 사진장군(四鎭將軍: 진동·진서·진남·진북)을 거쳐 사정장군(四征將軍: 정동·정서·정남·정북)으로 승진하는 것이 보인다. 따라서 송에서 본 이들 왕의 서열은 고구려왕(정동장군)→백제왕(진동장군)→왜국왕(안동장군)의 순이었음을 알 수 있다.

그런데 왜왕이 백제의 진동장군(鎭東將軍)보다 하위인 안동장군(安東將軍)을 요구하면서 백제를 포함하는 제군사호(諸軍事號)를 요구하고 있다. 이는 명백히 모순이라고 할 수 있다.

이렇게 왜가 특정한 관작을 요구한 데 대해 송은 나름대로 신중하게 대처하고 있음을 알 수 있다. 일단 진의 요청은 받아들여지지 않고, 송나라 문제는 왜왕 진에게 '안동장군(安東將軍) 왜국왕(倭國王)'이라는 관직만을 제수하고 있다.

이를 통해 실제 왜왕이 왜와 한반도 남부를 포괄하는 '도독제군사호(都督諸軍事號)'를 요청했지만 실제는 '안동장군 왜국왕'만 제수받고 왜국의 군사를 감독하는 '도독왜제군사호'조차 승인받지 못하고 있음을 알 수 있다. 그러나 왜왕이 도독왜제군사호도 승인받지 못했다고 해서 실제 왜왕에게 왜국에 대한 군사권이 없었다고 보기는 어렵다. 따라서 이 역시 작호라는 것이 형식적이고 명목적이라는 것을 보여주는 실례라고 할 수 있다.

또한 당시 왜국이 독자적으로 통합된 정치 세력이었을까 하는 의문을 던져주고 있다. 즉 왜왕 진이 안동장군의 작호를 받았을 때 왜수 등 13인에게 평서·정로·관군·보국장군을 함께 요청하고 있다는 사실이다. 이들이 요청하고 받았던 장군호는 관품이 모두 제3품으로 왜왕 진이 받았던 안동장군과 동등하다. 이것은 이들 사이에 그렇게 큰 격차가 있었던 것이 아니었음을 방증해주고 있다. 여러 비슷한 정치체 중에서 왜왕 진이 단지 맹주의 지위에 있었던 것은 아닐까? 안동, 평서라는 장군호도 보기에 따라서는 일본열도 내부의 서쪽과 동쪽을 의미하는 것으로 받아들여질 수 있을 법한 명칭이다. 어쨌든 이때 왜의 경우 최초로 '안동장군 왜국왕'의 작호가 제수되었다. 이는 백제가 받았던 제2품 진동대장군보다는 낮은 등급이었다.

일단 이때 왜왕 진이 주청(奏請)을 했던 것은 형식적인 것이기는 하지만, 모종의 의도가 있었던 것으로 보인다. 실질적인 내용으로 보면 왜가 국제적으로 백제나 고구려와의 관계에서 우위를 차지하려는 의도가 엿보이고 이에 대한 외교적 노력의 일환이었던 것으로 판단된다. 당시 한반도 남부에 대한 군사권을 가지고 있지 않음에도 이런 황당한 주장을 하게 된 것 자체가 왜국의 동아시아에 대한 인식의 변화인 것만은 확실하다.

그것은 아마 앞서 광개토왕 때에 전개되었던 한반도의 전쟁에 참여했던 것이 계기가 되었을 것 같다. 특히 백제가 고구려에 패하는 상황을 지켜보았던 왜국의 인식을 반영하는 것으로 보인다. 즉 왜왕 진의 입장에서는 선대(先代)에 있었던 한반도 전쟁의 참여로 인해 남조(南朝)에서 백제를 통해 왜로 이어지는 국제 관계를 파악하고 이에 대해 적극적인 외교를 시행했던 것으로 판단된다.

왜왕 제(濟)

왜왕 진을 계승한 제(濟)가 443년(원가 20년)에 사신을 파견, 조공하였고 '안동장군(安東將軍) 왜국왕(倭國王)'을 받았다는 기록이 『송서』에 보인다. 이는 앞서 진이 받았던 '안동장군 왜국왕'과 동일한 것이다. 그러다가 이후 551년(원가 28년) 왜왕 제가 안동장군과 더불어 '사지절도독(使持節都督) 왜(倭)·신라(新羅)·임나(任那)·가라(加羅)·진한(秦韓)·모한(慕韓) 육국제군사(六國諸軍事)'에 임명되는 내용이 나타난다.

왜왕 제에게 사지절도독 왜·신라·임나·가라·진한·모한 육
국제군사를 더하고 안동장군은 예전과 같이 했다. 아울러 요청
한 바 23인을 군(軍)·군(郡)에 제수했다.

(『송서』「왜국전」451년 원가 28년)

438년에 진이 '사지절도독 왜·백제·신라·임나·진한·모
한 육국제군사 안동대장군 왜국왕'을 자칭하면서 승인해주
기를 요청했는데, 451년에 이르러 송이 왜왕 제에게 '안동
장군 왜국왕'을 제수하고 일단 백제가 빠지는 했지만, '사지
절도독 왜·신라·임나·가라·진한·모한 육국제군사'를 제수
해주고 있는 것이다. 왜왕 제에 이르러서야 제수된 6국제군
사에는 그동안 왜가 요청했던 백제가 제외되고 대신 가라(加
羅)가 들어가 있다.

이에 대해 일본학계에서는 왜 5왕의 한반도 남부에 대한
제군사권의 자칭이나 제수 요청이 한반도에 대한 왜의 영향
력을 강조하는 것으로 보고 있다. 이를 통해 한반도 남부 지
역에 대해 왜가 군사적 지배권을 가진 것으로 이해하는 설
이 통설적인 지위를 갖고 있다.

하지만 이 문제에 대해서 우선 짚고 넘어가야 하는 것은
'도독제군사호'가 제수되었더라도 실제 왜왕이 이들 지역에
서 실제로 군사권을 행사할 수 있었던 곳은 하나도 없었다

는 사실이다. 광개토왕비문을 보면, 399년에서 404년까지 왜가 고구려나 신라와 싸운 경험은 있었어도 최소한 왜왕 진이 제군사권을 자칭하기 시작한 5세기 중반 이후에는 한 반도에서 왜가 활동한 흔적이 보이지 않는다.

또한 당시 중국 남북조시대에 있었던 책봉을 통해 나타난 작호와 관련하여 살펴보면, 우선적으로 고려했던 것이 피책 봉국의 이용가치였다. 대표적으로 망명 정권이었던 요서국 (遼西國)이나 하나의 지방정권에 불과한 무도국(武都國)에게 고위직의 장군호를 수여한 사례라든지, 현실적으로 통치권 이 미칠 수 없는 지역에 대한 지배권을 책봉을 통해 주변국 가에게 부여한 것 등은 현실적 규제력이 없었다는 것을 여 실히 보여주고 있다.

중국에서 책봉한 지역의 경우 지배권이 미치지 못하거나 존재하지 않았던 지역에 수여했던 사례를 종종 발견할 수 있다. 예를 들어 남조의 역대 왕조가 고구려에 책봉한 '도독 영평2주제군사(都督營平二州諸軍事)'의 경우 남북조시대 내내 북조의 영역이었으므로 고구려의 지배권이 미칠 수 없는 지 역이었다. 또한 북제(北齊)가 백제왕에게 수여한 '동청주자 사(東靑州刺史)' 역시 행정구역으로는 실제 존재하지 않았던 허주(虛州)였다. 따라서 이와 같은 예를 살펴보면 왜왕이 받 은 '도독제군사호'는 현실적 규제력을 가지고 있었던 것이 아니라 명목적이고 형식적인 칭호에 불과했다는 것을 알 수 있다.

또한 왜왕이 백제를 포함하는 제군사호를 요구한 것에 대해 송이 백제를 제외했던 것이 눈이 띈다. 이는 다분히 송 측에서는 왜왕보다 백제왕의 국제적 지위를 상위로 인정했기 때문이었을 것이다. 백제가 이미 송에 조공하여 '도독백제제군사(都督百濟諸軍事)'가 포함된 진동장군(鎭東將軍)의 칭호를 받고 있었기 때문에 송으로서는 왜왕에게 백제가 포함되어 있는 제군사호를 인정해줄 수 없었을 것이다.

결국 백제를 제외하고 나머지 6개 지역의 제군사호를 송이 제수해준 이유는 이들 5개국과 송이 아직 교섭을 가진 적이 없었기 때문에 왜국이 요구한 대로 작호를 주었던 것으로 이해하는 것이 타당할 것이다. 이러한 사례는 당시 책봉이라고 하는 것이 얼마나 형식적이며 편의적인 관계였는지를 잘 보여주고 있다.

왜왕 흥(興)

왜왕 제 이후 『송서』 「왜국전」에는 왜국의 세자 흥이 사신을 보냈다는 기록이 나온다.

제가 죽고 세자 흥이 사신을 보내 헌상했다.

세조(世祖) 대명(大明) 6년, 조를 내려 왜왕 세자 흥은 대대로
충성을 담아 해외의 번병이 되고 황제의 교화를 받아 나라를
다스리며 조공의 직무를 공손히 이행하여 새롭게 왕위를 계승
하니 마땅히 안동장군 왜국왕의 작호를 내릴 것이다.

(『송서』「왜국전」)

이에 대해 『송서』「본기」에는 다음과 같은 기록이 보인다.

12월, 왜국이 사신을 보내 방물을 헌상했다.

(『송서』「세조기」 460년 대명 4년)

3월, 왜국왕 세자 흥을 안동장군으로 했다.

(『송서』「세조기」 462년 대명 6년)

이를 통해 보면, 제가 죽고 세자 흥이 사신을 보내 헌상했
다는 『송서』「왜국전」의 기록은 『송서』「본기」 12월, 왜국이
사신을 보내 방물을 헌상했다는 기록과 대응되는 것으로 보
인다. 따라서 「왜국전」에 나오는 첫 번째 기록은 460년에 있
었던 사실로 보인다. 이후 462년에 와서 세자 흥 역시 '안동
장군 왜국왕'에 임명되고 있다.

그런데 홍의 경우는 앞서 진의 경우 "찬이 죽고 동생 진이 왕위를 이어 사신을 보내 헌상했다"는 기록과는 좀 다른 기술을 보이고 있다. 즉 "제가 죽고 세자 홍이 사신을 보내 헌상했다"로 되어 있어서 세자인 상태에서 조공했던 것으로 되어 있다. 세자인 상태에서 보냈다는 것은 혹시 당시 왜국의 정치 상황과 관련이 있는 건 아니었을까? 왜국 안에서 왕위 계승과 관련하여 모종의 문제가 있었을 가능성이 엿보인다. 결국 홍은 세자인 상태에서 조공을 하여 안동장군 왜국왕의 작호를 받았다. 따라서 이를 통해 홍이 왜국 내에서 자신의 입지 강화를 위해 송에 조공을 했던 것으로 판단된다.

왜왕 무(武)

홍(興) 이후에는 동생 무(武)가 왕위를 이어 사신을 보냈다. 그런데 이때도 한반도 남부를 포함하는 도독제군사호를 칭하고 있는 것이 눈에 띈다.

왜왕 홍이 죽고 그의 동생 무가 왕위를 이었다.
스스로 사지절도독(使持節都督) 왜(倭)·백제(百濟)·신라(新羅)·임나(任那)·가라(加羅)·진한(秦韓)·모한(慕韓) 칠국제군사

(七國諸軍事) 안동대장군(安東大將軍) 왜국왕(倭國王)을 칭했다.

(『송서』「왜국전」)

11월, 왜국이 사신을 보내 방물을 헌상했다.

(『송서』순제기 477년 승명昇明 원년)

『송서』「왜국전」의 기록에 따르면 무가 왕위를 이은 후 왜국과 한반도 남부 7국에 대한 도독제군사호를 스스로 칭하고 있는 것이다. 일단 이 기록은 순제기 승명(昇明) 원년 (477년) 11월조에 "왜국이 사신을 보내 방물을 헌상했다"는 기록과 대응되는 것으로 보인다. 따라서 도독제군사호를 요구했던 시기도 477년으로, 왜왕 무의 경우 새로 교체되는 시기에 사신을 파견하였던 것으로 보인다.

그리고 한반도 남부를 포함하는 7국의 도독제군사호를 자칭하고 있는데, 이는 가라(加羅)가 추가되었을 뿐 앞서 438년 진이 '자칭 사지절도독 왜·백제·신라·임나·진한·모한 육국제군사 안동대장군 왜국왕'을 요청했을 때와 유사한 상황이다. 그래서 혹자는 앞서 진이 자칭했던 것도 원래는 왜·백제·신라·임나·가라·진한·모한의 7국제군사였는데 『송서』에서 잘못 기록한 것은 아닐까 추측하기도 한다.

어쨌든 이때 자칭호의 경우도 실재성이 없는 형식적이었다는 것은 앞서 보았던 것과 같다. 다만 이러한 행위는 당시

475년경 백제가 고구려에 패해 웅진으로 도읍을 옮겼던 상황과 관련이 있을 듯하다. 백제의 개로왕이 고구려의 장수왕에게 죽임을 당하고 한성 백제를 잃고 금강 유역인 웅진으로 긴급하게 옮겼던 것과 같이 백제는 고구려로부터 상당한 피해를 보고 있었다. 따라서 이 같은 상황에서 왜가 국제적으로 백제나 고구려와의 관계에서 우위를 차지하려는 의도가 엿보이고 있다. 이는 다음해에 고구려에 대한 무도함을 내세우며 보낸 무의 「상표문(上表文)」에서 그 의도를 살펴볼 수 있을 것이다.

『송서』에는 478년(승명 2년) 왜왕 무가 사신을 통해 보낸 「상표문」이 제시되고 있다.

순제 승명 2년, 사신을 파견하여 왜왕 무가 표문을 올리기를

봉해진 신의 나라는 먼 곳에 치우쳐 있으며 바깥에 번국을 이루고 있습니다.

옛 조상 때부터 몸소 갑옷과 투구를 걸치고 산천을 누비느라 편히 쉴 겨를이 없었습니다.

동쪽으로 모인(毛人) 55국을 정벌하고, 서쪽으로 중이(衆夷) 66국을 복속시키고, 바다 건너 북으로 95국을 평정하여 왕도가 무르익어 태평하고 땅을 넓혀 왕기를 크게 하였으며 여러 대에 걸쳐 조종(朝宗)하여 세공을 어긴 적이 없었습니다.

신이 비록 어리석지만 선대를 이어 나라를 평안하게 통솔하고 있으며 천자에게 가는 길은 백제를 통해 가야 하기에 배를 타고 가야 합니다.

그러나 고구려가 무도하여 우리나라를 집어 삼키려 하고 변방에 속한 곳을 노략질하며 살육을 그치지 않으니 매번 지체되어 바람을 놓치게 됩니다.

비록 길을 나서지만 그 길이 혹은 통하기도 하고 혹은 통하지 않기도 합니다.

신의 죽은 아비 제는 실로 원수가 천자에게 가는 길을 가로막는 것을 분통하게 여겼습니다.

활 쏘는 병사 100만이 의로운 소리에 감격하여 바야흐로 군사를 크게 일으키고 싶었으나 졸지에 아비와 형을 잃으니 이루려는 공이 마지막 흙 한 삼태기 이루지 못하였습니다.

신은 상중에 있어 병사를 움직이지 못하였으므로 이기지 못하였습니다.

그러나 지금에 이르러서는 갑옷과 무기를 잘 갖추어 부형의 뜻을 펼치고자 하니, 의롭고 용맹스러운 병사들이 문무로 공을 이루어 번쩍이는 칼날이 눈앞에 닥쳐도 또다시 눈을 딴 곳으로 돌리지 않습니다.

만일 황제의 덕으로써 강적을 무찔러 온갖 어려움을 극복한다면 이전의 공을 바꾸는 일은 없을 것입니다.

삼가 스스로 임시로 개부의동삼사(開府儀同三司)와 그 나머지 모두에게도 관작의 제수를 원하였습니다.

조하여 무를 사지절도독 왜 신라 임나 가라 진한 모한 육국 제군사 안동대장군 왜왕에 제수했습니다.

(『송서』「왜국전」)

일단 왜왕 무로부터 도독제군사호가 요청되었던 인식의 기초는 「상표문」에서 드러난다고 할 수 있다.

이 「상표문」은 그동안 고대 일본의 왕권 발달사와 국제관계에서 비상한 관심을 불러일으켰던 내용이다. 물론 왜왕의 자기 주장이기는 하다. 하지만 이를 통해 5세기 말 당시 왜국의 자국에 대한 인식의 단면을 살펴볼 수 있는 글귀이기도 하다.

우선 「상표문」에 나타난 "동쪽으로 모인(毛人) 55국을 정벌하고, 서쪽으로 중이(衆夷) 66국을 복속시키고(東征毛人 五十五國, 西服衆夷六十六國)"라는 글귀가 주목된다. 이 경우 동정(東征)과 서복(西服)으로 표현되어 있지만, 당시 일본열도의 상황으로 보아 당시 야마토 정권이 실제 이들을 정복 및 지배하였던 것으로 보는 것은 회의적이다.

후대의 기록인 『구당서』「일본전」에도 "동북으로는 큰 산들이 경계를 하고 있고 그 산 밖은 모인의 나라다(東界北界有

大山爲限 山外卽毛人之國)"라는 서술이 있어 모인(毛人)의 경우 고대 일본과는 별도로 동북의 경계 너머에 있었던 지역으로 인식하고 있었던 것을 알 수 있다. 때문에 5세기경에 이들 모인을 정복하였다고 보기는 어렵다.

또한 6세기 규슈에는 이와이(磐井)가 행정권·재판권 등을 가지며 독자성이 강한 큰 세력으로 남아 있다가 528년에 평정되었다는 『일본서기』의 기록을 통해 5세기경 '서쪽으로 중이(衆夷) 66국으로'로 인식될 수 있는 규슈 지역의 복속도 사실로 보기 어렵다.

55국, 66국 등과 같은 표현도 과장된 것이지만, 오히려 이러한 국(國)들에 대한 정복사업은 아직 일본열도의 상당 지역이 야마토 정권에 복속되어 있지 않은 채 여러 세력이 있었다는 증거가 될 수 있다. 또한 이러한 주장은 「상표문」 전체에서 나타나는 바와 같이 일본열도의 영토 확대 사실을 칭송하기 위한 것이라기보다 왜왕이 천하의 주재자인 중국 황제의 판도를 확대하였다는 내용으로 기록되어 있다. 따라서 이는 송조에게 자신의 업적을 과장하기 위한 표현으로 볼 수 있다.

물론 이러한 세력판도가 과거 왜국이 동서로 세력을 넓혀 나가려 했던 의식의 반영이라고 해야 할 것이지만, 그것이 전제왕권으로서 고대 야마토 왕권의 영역 또는 영토 인식의 반영이라고 보기는 어려운 점이 있다.

이러한 점은 「상표문」 "바다 건너 북으로 95국을 평정하여(渡平海北九十五國)"라는 기술에서도 나타난다. '바다 건너 북으로'라는 표현은 한반도를 나타내는 것으로 보이지만, 이는 당시 왜가 한반도를 정복·지배했던 사실을 표현한 것은 아니다. 단지 광개토왕 비문에서 볼 수 있는 것과 같이 광개토왕 때에 전개되었던 한반도에서의 군사 활동을 과장하여 묘사한 것으로 보아야 할 것이다.

무의 「상표문」에서는 왜왕 무가 고구려의 무도함을 가장 전면에 내세우고 있다. 이는 당시 백제가 고구려에 의해 웅진으로 천도한 사실과 무관치 않을 것으로 보인다. 고구려에 대한 적대의식은 백제를 비롯한 한반도 남부 세력의 의식임에도 불구하고 왜왕이 직접 적대의식을 표출하고 있는 것이 눈에 띈다.

대내적으로는 고구려와의 패배 경험에 따른 복수의식을 조장함으로써 당시 지역적으로 분립되어 있는 일본열도 내 체제의 결속을 도모하기 위해 반고구려 노선의 맹주를 자처하기 위한 행위로 판단된다. 왜왕의 이러한 행위는 왜국 조직 내부의 결속을 다지기 위한 기대효과를 노리고 행한 방편 중의 하나였을 것이다.

따라서 "동쪽으로 모인(毛人) 55국을 정벌하고, 서쪽으로 중이(衆夷) 66국을 복속시키고, 바다 건너 북으로 95국을 평정하여"라는 글귀의 경우 그 주안점은 열도 내에서 기나이(畿內) 지역을 중심으로 한 무가 선조들의 시대에 있었던 활동을 강조하기 위해 서술했던 것으로 여겨진다.

그리고 478년에는 앞서 왜왕 제에게 제수되었던 것과 같이, 백제가 빠진 상태에서 6국제군사호가 제수되고 있으며 안동대장군 왜왕을 받고 있다. 이 또한 송의 입장에서는 이미 진동대장군호를 받았던 백제를 포함시켜줄 수는 없었을 것이고 송이 아직 교섭을 가진 적이 없는 5개국에 대해서는 왜국이 요구한 대로 제수해주었던 것이다.

이처럼 왜왕 무가 받은 '도독제군사호'의 경우도 현실적 규제력을 가지고 있었던 것이 아니라 명목적이고 형식적이며 실효성이 없는 칭호였던 것이다.

왜 5왕의 연표

	「왜국전」		「본기」	
진서 (晉書)			413년 (의희 9년)	동진에 방물을 헌상
송서 (宋書)	421년 (영초 2년)	왜 찬이 만리수공(萬里修貢)하니 제수를 내려주어야 마땅하다.		
	425년 (원가 2년)	찬이 사마조달(司馬曹達)을 보내 표를 바치고 방물을 헌상		
			430년 (원가 7년)	1월, 왜국왕이 사신을 보내 방물을 헌상

		찬이 죽고 동생 진이 사신을 보내 헌상. 사지절도독 왜·백제·신라·임나·진한·모한 육국제군사 안동대장군 왜국왕을 자칭하며 제수를 요구. 안동장군 왜국왕에 제수. 진이 왜수 등 13인을 평서·정로·관군·보국장군에 제수해 줄 것을 요청하여 모두 허락.	438년 (원가 15년)	4월, 왜국왕 진을 안동장군으로 함.
송서 (宋書)	443년 (원가 20년)	왜국왕 제가 사신을 보내 헌상하여 다시 안동장군 왜국왕으로 함.	443년 (원가 20년)	이해·하서국·고려국·백제국·왜국이 사신을 보내 방물을 헌상.
	451년 (원가 28년)	왜왕 제에게 사지절도독 왜·신라·임나·가라·진한·모한 육국제군사를 더하고 안동장군은 예전과 같이 함. 아울러 요청한 바 23인을 군(軍)·군(郡)에 제수.	451년 (원가 28년)	7월, 안동장군 왜왕 제를 안동대장군으로 진호.
		제가 죽고 세자 흥이 사신을 보내 헌상.	460년 (대명 4년)	12월, 왜국이 사신을 보내 방물을 헌상.
	462년 (대명 6년)	왜왕 세자 흥이 조공. 안동장군 왜국왕으로 함.	462년 (대명 6년)	3월, 왜국왕 세자 흥을 안동장군으로 함.
		흥이 죽고 동생 무가 들어서 사지절도독 왜·백제·신라·임나·가라·진한·모한 칠국제군사 안동대장군 왜국왕을 자칭.	477년 (승명 원년)	11월, 왜국이 사신을 보내 방물을 헌상.
	478년 (승명 2년)	왜국왕 무가 사신을 보내 표를 바침. 스스로 개부의동삼사를 가칭하고 제수를 요청. 무를 사지절도독 왜·신라·임나·가라·진한·모한 육국제군사 안동대장군 왜왕에 제수	478년 (승명 2년)	5월, 왜국왕 무가 사신을 보내 방물을 헌상하여 무를 안동대장군으로 함.
남제서 (南齊書)	479년 (건원 원년)	왜왕 무를 진동대장군으로 함		
양서 (梁書)			502년 (천감 원년)	왜왕 무를 정동대장군으로 함.

제2장 왜 5왕은 누구인가

일본사서의 천황들

그렇다면 『송서』에 등장하는 왜왕이 과연 일본 측 사서에 기술된 어떤 왕을 가리키고 있는 것일까? 정작 문제는 『송서』에는 왜 5왕의 이름이나 행적이 나오지만 이들 왜왕의 행적을 통해 알 수 있는 재위 연대나 왕력 등이 5세기 일본 측의 사서에 나오는 왜왕과 일치하지 않는다는 데 있다.

5세기 중국의 사서에는 찬-진-제-흥-무로 이어지는 왜왕이 등장하고 있지만, 왕력(王歷) 등이 일본의 대표적인 사서인 『고사기(古事記)』나 『일본서기(日本書紀)』에 나오는 일본 천황의 그것과는 사뭇 다르다.

5세기를 중심으로 하여 『일본서기』에 나와 있는 천황의 재위 기간을 살펴보면 닌토쿠(仁德)는 313~399년까지 재위했으며 아들인 리추(履中)는 재위 기간이 400~405년, 그의 동생인 한제이(反正)는 406~410년 재위, 그의 동생인 인교(允恭)는 412~453년 재위, 그의 아들인 안코(安康)는 454~456년 재위, 그의 동생 유랴쿠(雄略)는 457~479년 재위로 나오고 있다.

그런데 이는 『송서』 421년, 425년 기록에 등장하는 찬이나 438년에 보이는 동생 진, 그리고 443년, 451년에 등장하는 제, 462년의 아들 흥 및 478년에 나타나는 동생 무의 왕력과는 일치하지 않는 결과를 보이고 있다.

일단 유랴쿠가 『고사기』에서는 489년, 『일본서기』에서는 479년에 사망한 것으로 되어 있기 때문에 대체적으로 478년에 등장하는 왜왕 무는 유랴쿠일 가능성을 타진해볼 수 있다. 대체적으로 5세기 말로 가면서는 연대가 일치하는 것으로 보이지만, 앞선 왜왕들의 재위 연대는 『일본서기』의 연대 문제로 인해 맞지 않게 된다.

원래 일본의 역사를 기록한 『일본서기』는 720년경 쓰인 것으로 보인다. 『일본서기』는 당시 일본의 천황주의적 입장에서 서술되어 있어서 전 기사에 걸쳐 자신에게 불리한 기

연도	송서(宋書)	일본서기(日本書紀)	고사기(古事記)
421	찬		
425	찬		
427			닌토쿠 사망
432			리추 사망
437		인교 재위	한제이 사망
438	진		
443	제		
451	제		
453			
454		안코 재위	인교 사망
456			
457		유랴쿠 재위	
462	흥		
478	무		
479			
480		세이네이 재위	
484			
485		겐조 재위	
487			
489		닌켄 재위	유랴쿠 사망

왜 5왕 재위 연도 비교

사는 덮고 자신에게 유리한 기사는 과장되게 표현하고 있는 사서로 유명하다. 편찬의 가장 중요한 이념은 8세기 일본국 천황 통치의 정당성을 주장하기 위한 것으로 이 같은 사관에 입각해 한반도에 있는 나라들이 과거 일본에 조공했다는 식으로 기술되어 있다. 더욱이 연대 서술에서 문제가 있는 사서로 정평이 나 있기도 하다.

『일본서기』 외에 고대사를 기록한 책으로는 오노야쓰마로(太安万侶)가 712년에 쓴 것으로 보이는 『고사기』가 있다. 하지만 문제는 『고사기』와 『일본서기』에 나오는 왕의 재위 연대가 서로 다르게 기술되어 있으며 이것 역시 『송서』의 왜 5왕의 왕력과는 일치하지 않는다.

『고사기』의 경우 4세기 말에서 5세기에 해당하는 야마토의 천황으로 오진(應神)·닌토쿠(仁德)·리추(履中)·한제이(反正)·인교(允恭)·안코(安康)·유랴쿠(雄略) 등이 등장한다.

이 책에서 왕력을 보면 오진이 394년에 사망한 것으로 되어 있다. 이후 닌토쿠가 427년, 리추가 432년, 한제이가 437년, 인교가 454년, 유랴쿠가 489년에 사망한 것으로 기술되어 있다.

반면 『일본서기』에는 오진이 310년에 사망하고 닌토쿠가 399년, 리추가 405년, 한제이가 410년, 인교가 453년, 안코가 456년, 유랴쿠가 479년에 사망한 것으로 기록되어 있어 『고사기』와는 다른 연대를 보여주고 있다.

특히 오진의 경우 『일본서기』의 연대로 보면 111세에, 『고사기』의 연대로는 130세에 사망한 것으로 되어 있다. 이는 현실적으로 불가능한 연령이기에 과연 이들 사서를 어느 정도 신뢰할 수 있을까 하는 문제가 제기되고 있다. 더욱이 『일본서기』는 닌토쿠의 재위가 313년부터 399년까지 87년간이어서 이 또한 여러모로 가능한 것인지 의심이 가는 대목이 아닐 수 없다.

그렇기 때문에 상대적으로 중국 사서를 신뢰할 수밖에 없게 된다. 『송서』에 나오는 왜 5왕의 중요성이 부각되고 있는 것이다. 『송서』에 나오는 기록이 단편적이기는 하지만, 일본의 사서로는 당시의 상황을 제대로 이해하기 힘든 부분이 많기 때문에 5세기의 왜왕을 파악하는 데 있어서는 매우 중요한 내용이 아닐 수 없다.

일본사서의 연대

원래 『송서』의 왜 5왕보다 앞선 시대인 3세기경 일본열도의 상황이 중국 사료에 등장한다. 그것이 잘 알려져 있는 야마타이국(邪馬臺國)이다.

야마타이국이란 중국의 진수가 쓴 『삼국지』의 「동이전」왜인조에서 3세기 초반의 왜인국을 아울렀다는 여왕국을 말한다. 『후한서(後漢書)』에도 이러한 사실이 적시되어 있으나, 사실 『후한서』는 『삼국지』보다 늦게 쓰였기 때문에 실제적으로는 『삼국지』 「동이전」 왜인조에 나와 있는 기록을 간략

하게 다시 기술했던 것으로 보고 있다.

『삼국지』에 따르면 왜인의 나라는 30여 개의 소국으로 나뉘어 있었는데, 그 가운데 여왕 히미코(卑彌呼)의 야마타이국이 가장 강성한 국가로, 특히 히미코가 3세기 초에 중국의 위(魏)나라에 조공을 하여 '친위왜왕(親魏倭王)'이라는 칭호까지 받은 사실에 대해 적고 있다.

여왕국은 본래부터 남자를 왕으로 삼았는데 70~80년이 지난 뒤에 전란이 일어나 몇 해에 걸쳐 공격하고 싸워서 공동으로 여자 한 명을 세워 왕으로 삼아 히미코(卑彌呼)라고 불렀다. ……237년(경초 2년) 6월 왜국 여왕은 대부 나시메(難升米) 등을 대방군으로 보내 천자를 알현하여 헌상물을 바치기를 원했다. 그해 12월 천자가 조서를 써서 친위왜왕(親魏倭王) 히미코에게 내렸다.

그런데 정작 일본의 사서에는 히미코라는 인물이 등장하지 않는다. 다만, 『일본서기』를 기술한 편찬자가 『일본서기』에 등장하는 진구(神功) 황후를 히미코와 동일시하고 있는 것을 볼 수 있다.

진구 황후라는 인물은 사실 일본 고대사 수수께끼 가운데 한 인물이다. 『고사기』와 『일본서기』에 나오는 진구는 남편인 주아이(仲哀) 천황이 죽은 이후, 천황에 버금갈 정도의 섭정을 하였다고 전하는 황후다. 특히 우리에게는 '진구의 삼한정벌'로 알려진 인물이다. 『일본서기』에는 진구가 신라를 정복하고 이후 가라(加羅)의 7국을 평정하였으며 이로 인해 차지한 전라도 남부 지역을 백제에게 주었다는 기사가 담겨 있다.

이것이 우리가 현재 이야기하는 이른바 '임나일본부설'의 시작인 것이다. 이때 일본이 한반도 남부를 지배하기 시작하였으며 이후 임나에 일본부를 설치하고 통치하다가 562년 신라에 의해 임나가 멸망하자 일본으로 철수했다는 내용이다. 그러나 현재 일본학계에서는 왜가 한반도 남부에 식민지를 경영했다고 주장하는 학자는 없다.

아무튼 『일본서기』의 연대에 따르면 진구는 서기 201년부터 269년까지 재위했던 것으로 나온다. 이렇게 진구를 3세기의 인물로 위치시키는 데 결정적인 영향을 끼쳤던 것이 바로 중국의 사서였다. 『일본서기』에서는 진구의 재위 기간 중간 중간에 "「위지(魏志)」에서 말하였다"는 표현을 빌어가며 240년 위나라 제왕(齊王)이 조서를 갖고 왜국에 갔다든지, 243년 왜왕이 사신을 보내 헌상했다든지 하는 「위지」의 기록을 직접 인용하고 있는 것을 볼 수 있다.

이를 통해 『일본서기』의 편찬자가 중국의 사서인 『삼국

히미코 추정 무덤

지』에 나오는 무녀여왕 히미코를『일본서기』에 나오는 진구와 동일 인물로 보고 기술했다는 것을 알 수 있다. 아마『일본서기』의 편찬자들이 수집한 사료 중에서 중국 사서의 히미코에 해당하는 여제(女帝)로 진구 외에 마땅히 설정할 수 있는 인물이 없었던 때문인 것 같다.

따라서 「위지」에 나오는 히미코가 서기 230년대와 240년대라는 시간적 테두리 안에서 활동하고 있었으므로『일본서기』의 편찬자는 「위지」의 사료와 완전히 일치하도록 하기 위하여 진구를 서기 201년에서 269년이라는 재위 기간 안에 두었을 것으로 판단된다.

그러다보니『일본서기』내에서 진구는 100세(69년 재위)까지 살았고, 그의 아들 응신은 111세(41년 재위), 그 아들 인덕은 87년 재위로 계속해서 그 연대를 늘려나갈 수밖에 없었을 것이다. 그렇게 해야만 대체적으로 5세기에 해당하는 이후 인물들의 행적과 맞아떨어질 수 있기 때문이다.

현재는『일본서기』진구기 내에 백제왕의 즉위와 사망에 관한 기사가 짧막하게 기록되어 있어 이를 통해 실연대를 추정하고 있다. 즉『일본서기』내에 "진구 55년 백제의 초고왕이 홍(薨)하였다. ……진구 56년 백제의 왕자 귀수(貴須)가 왕이 되었다. ……진구 64년 백제의 귀수왕이 홍하였다. 왕자 침류(枕流)가 왕이 되었다. ……진구 65년 침류왕이 홍하였다. 왕자 아화(阿花)가 나이가 어려 숙부 진사(辰斯)가 빼앗아 왕이 되었다"는 기록이 있는데 이를 통해 연대를 확인하고 있다.

『일본서기』에서 초고왕과 귀수왕이 등장하고 있지만, 앞뒤에 나타나고 있는 왕력이나 전후의 상황으로 보아 근초고왕(近肖古王)과 근구수왕(近仇首王)을 말하는 것이 틀림없다. 그렇다면 근초고왕(近肖古王, 재위 346~375), 근구수왕(近仇首王, 재위 375~384), 침류왕(枕流王, 재위 384~385), 진사왕(辰斯王, 재위385~392) 등과 연대를 맞추어볼 수 있다. 따라서『일본서기』는 진구의 재위를 201년부터 269년으로 기록하고 있지만,『삼국사기』의 백제 왕력을 통해 보면 실제 진구가 재위한 연도는 321년부터 389년까지로 수정할 수 있다. 이는『일본서기』 본래의 기록과 비교하여 보면 꼭 120년의 차이가 나는 꼴이 된다. 그래서 지금은 이들 진구와 오진의 기록을 『일본서기』보다 120년 후인 4세기대의 인물로 위치시켜 놓고 있는 것이 통설이다.

그렇게 되다보니 이후에 등장하는 닌토쿠(仁德, 재위 313~399), 리추(履中, 재위 400~405), 한제이(反正, 재위 406~410), 인교(允恭, 재위 412~453), 안코(安康, 재위 454~456), 유랴쿠(雄略, 재위 457~479) 등의 재위 기간과 왕력에 대해서는 어디까지가 합당한 것인지에 대해서도 의문이 들 수밖에 없는 실정이다.

『고사기』에 보이는 왜왕의 재위 기간이 좀더 타당성이 있는 것으로 보고 『고사기』를 통해 왜 5왕을 찾아보려던 학자들도 있었지만, 이 경우도 『송서』에 나오는 왜왕과 재위 연도가 일치하지 않고 있다.

더욱이 일본 최고의 사서라고 하는 『고사기』는 그 「서문」에 따르면 히에다노아레(稗田安禮)라고 하는 기억력이 비상한 사람이 645년 소가씨(蘇我氏)가 패망할 때 전부 없어졌던 고기록을 외우고 있다가 712년 겐메이(元明) 천황의 명을 받은 오노야쓰마로(太安萬侶)에게 구술하고는 한자의 음이나 뜻을 빌어 만들어졌다고 한다. 이러한 상황에서 『고사기』의 연대도 어떻게 신뢰할 수 있는가에 대한 문제에 봉착하게 된다.

이처럼 왜 5왕이 시기적으로 『일본서기』와 『고사기』의 왕들과 맞지 않게 되자 일본 내에서도 도대체 이들 왜왕이 누구인지에 대해 다양한 논쟁이 계속되어왔던 것이다.

오사카의 거대한 고분군

일본 오사카의 바닷가와 멀지 않은 사카이(堺)라는 곳에는 거대한 고분들이 흩어져 있다. 이른바 모즈고분군(百舌鳥古墳群)이라 부르는 무덤 떼가 4킬로미터 사방의 광활한 대지 위에 놓여 있다.

이 중에 규모가 가장 큰 고분은 다이센고분(大仙古墳)이라는 무덤이다. 전체 길이 486미터, 높이 36미터나 되어 이집트의 피라미드보다 더 크다. 안내판에는 "이 고분을 조성하는 데는 하루 최대 2,000명을 동원할 경우 15년 8개월의 시간이 걸리고 총 680만의 인원이 동원되어 막대한 노력이 소요되었다"라고 기록하고 있어 그 거대한 규모를 짐작케 하고 있다. 그러나 공중에서 바라보아야 그 규모와 모양을 가늠할 수 있어 막상 가까이 다가가면 단지 숲으로 둘러싸인 동산으로만 보일 뿐이다.

다이센고분을 통상 일본인들은 닌토쿠(仁德) 천황릉으로 부르고 있다. 또한 북쪽으로 한제이(反正) 천황의 능이라고 하는 다데이야마고분(田出井山古墳)과 남쪽으로 리추(履中) 천황의 능이라고 하는 미산자이고분(ミサンザイ古墳)이 흩어져 있다.

닌토쿠 천황은 일본의 사서에서 제16대 천황으로 전해지는 인물로 한제이·리추와 함께 통상 5세기대의 천황으로 보고 있다. 그러나 단지 『일본서기』에 의해, 또는 전해오는 말에 따라 천황릉이라고 비정하고 있는 것일 뿐, 묘지석 등 무덤의 주인을 알 수 있는 유물이 나오지 않았기 때문에 이곳이 누구의 무덤인지 확실하게 알 수 없는 상태다. 그럼에도 일본에서 공식적으로 천황의 능으로 단정하고 있는 것은 다분히 문제가 있다고 생각된다.

당시 일본 고대의 중심지는 나라현의 야마토 지역이었는데, 5세기를 전후로 한 시기에 이처럼 오사카의 바다와 인접한 가와치 지역에 수많은 고분군이 나타나고 있다. 모즈고분군 외에도 하비키노 인근에는 후루이치고분군(古市古墳群)이라고 하는 거대고분군이 있고 그곳에는 오진(應神) 천황릉, 인교(允恭) 천황릉, 유랴쿠(雄略) 천황릉으로 부르는 고분도 산재하고 있다.

따라서 5세기 일본열도의 상황에 대해서는 많은 일본의

학자들이 갑론을박할 정도로 논란이 많다. 일본 내에서도 이곳 가와치 지역에 기존 야마토의 왕조와는 다른 왕조가 있었다는 설이 제창되기도 했다. 이처럼 5세기에 복수의 왕권이 흥망을 거듭했으며 이는 일본 천황가가 하나의 계통이 아니라 여러 개의 왕조가 흥망을 거듭했다는 왕조교체론(王朝交替論)과 맞물려 당시 일본열도의 상황을 점점 미궁에 빠져들게 하고 있다.

더욱이 천황릉으로 부르는 고분들은 궁내청(宮內廳)에서 관리하고 있어 애시당초 발굴이 금지되어 있다. 때문에 과학적인 방법에 의해 그 조성시기를 추정하는 것은 어려운 상태에 있는 것이 사실이다.

다이센고분의 경우 전국시대 말기 갑옷과 투구며 석관들이 노출되어 내부 출토유물에 대한 정보가 있었다. 이후 1872년 9월에 있었던 산사태로 인하여 전방부의 일부가 무너져내리는 사이에 석실에서 각종 부장품들이 발견된 적이 있다. 당시 그 안에서는 수대경(獸帶鏡)으로 이름 붙여진 동경(銅鏡)과 손잡이가 둥근 고리 모양으로 되어 있는 환두대도(環頭大刀)가 출토되었다고 한다. 지금은 누군가에 의해 옮겨져 미국의 보스턴 박물관에 보관되어 있다고 하는데, 출토된 수대경은 7개의 돌기가 있는 칠자경으로 한때 무령왕릉에서 출토된 의자손수대경(宜子孫獸帶鏡)과 흡사하다고 하여 매스컴의 이목을 끈 적도 있었다.

무령왕릉은 지석의 출토로 인하여 고대에 확실하게 무덤의 주인을 알 수 있는 고분으로 그곳에서 출토된 수대경과 다이센고분에서 출토된 수대경이 비슷한 형식을 보이고 있다면 두 고분이 6세기 초라는 비슷한 시기에 조성되었다는 것을 의미하는 것은 아닐까싶다. 일본에서는 흔히 닌토쿠 천황의 능으로 알려져 닌토쿠의 치세인 5세기 전반에 조성된 것으로 보고 있으나 유물의 고고학적인 분석으로 보면 전혀 그렇지 않은 듯싶다. 고분 주위에서 수습된 스에키(須惠器)도 형식상 5세기 말에서 6세기 초의 것으로 보여 이를 뒷받침해주고 있다.

그렇다면 닌토쿠 천황릉이라고 부르는 것과는 달리 이곳 다이센고분에는 엉뚱한 다른 사람이 묻혀 있을 가능성이 농후하다. 닌토쿠에 대해서는 밥 짓는 연기가 나지 않는 것을 보고 백성의 곤궁함을 살펴 3년간 부역을 면제해줘 성제(聖帝)라는 칭송을 받았다는 전승을 남기고 있다. 인덕(仁德)이라는 이름도 '어질고 덕이 있는 천황'으로 덧씌워진 듯해서 닌토쿠 천황 자체가 실재하지 않은 조작된 천황이라는 설도 존재하고 있다.

또한 『일본서기』를 통해서도 기년(紀年)이 불분명하고 후대에 윤색·삽입되었던 것이 분명한 진구(神功)나 오진(應神)

오사카 도심 속의 거대한 고분군

의 경우도 실재하지 않았을 가능성이 크다. 오진대의 기록은
『송서』에 보이는 왜왕 찬이나 그 선대의 행적을 대체하여 설
정되었던 것으로 추정된다. 『일본서기』에서 기년의 문제가
대두된 것도 실상은 진구를『삼국지』의 히미코(卑彌呼)와 일
치시키면서였던 것으로, 따라서 후대에 만들어진 진구나 오
진이라는 천황이 『일본서기』 중간에 삽입되었을 가능성은
더욱 크다.

　아무튼 일본의 사서를 통해서든 일본의 고분을 통해서든
5세기 왜왕에 대해서는 여전히 수수께끼일 수밖에 없다. 때
문에 고대 중국에서 쓰인 사서를 통해 일본의 고대사를 살
펴보는 것이 유용한 상황이 된 것이다. 중국 사서의 중요성

은 중국이라는 좀더 객관적인 눈으로 왜국의 문화와 풍습 등을 볼 수 있다는 데 의미가 있을 수 있을 것이다. 『송서』에 보이는 왜 5왕의 기록이 더욱 주목되는 상황이다.

왜의 5왕과 일본의 천황

일본에서는 『송서』의 왜 5왕이 일본사서에 나오는 어느 천황에 해당하는지에 대해 오래전인 무로마치(室町) 시대부터 현재까지 다양한 연구가 진행되어왔다.

대체적으로 몇 가지 방법론이 제기되었는데, 우선 중국사서에 나오는 왜왕의 이름과 일본사서에 나오는 천황 이름의 발음과 음운의 일치성 등으로 확인하는 방법이 있었다. 일단 왜왕 찬에 대해서는 일본어로 '산'으로 읽을 수 있다. 따라서 일본사서에는 닌토쿠의 이름이 오사자키(大雀, 大鷦鷯)로 나오기 때문에 '사자키'와 음운이 유사한 찬이 닌토쿠일 가능성이 있다는 설이 제기되었다. 또한 리추의 이름이 이자호와케(去來穗別)이기 때문에 그중 '이자(去來)'에 해당하는 부분이 찬의 음운과 비슷한 것으로 보고 리추설이 주창되기도 하였다.

이밖에 오진의 이름이 호무다(譽田)인데, 이중에서 호무라

닌토쿠 천황

고 하는 말은 예로부터 찬미(讚美)를 의미하는 용어로 사용
되었다고 한다. 이를 근거로 하여 뜻으로 읽으면 찬은 오진
으로 보아야 한다는 설이 제기되기도 하였다. 그래서 현재까
지 찬에 대해서는 오진·닌토쿠·리추의 설로 나뉘어 있는 실
정이다.

　진에 대해서는 진(珍) 글자 형상이 '瑞'와 유사한 것을 근
거로 한제이 천황이라는 설이 등장했다. 한제이는 이름이 미
즈하와케(瑞齒別)이기 때문에 그 중에서 '瑞'를 선택한 것이
다. 또한 한제이는 음으로 읽으면 미즈하가 되는데, 『양서(梁
書)』에서 왜왕 진이 미(彌)로 기술되어 있기 때문에 음운에
있어서도 유사한 모습을 보여주고 있는 것을 근거로 들고

유랴쿠 천황

있다.

제에 대해서는 인교 천황의 이름이 오아사즈마와쿠고노
스쿠네(雄朝津間稚子宿禰)이므로 이를 근거로 '濟'와 '津' 두
글자의 유사성이 제기되었다. 또한 음운상으로도 제(濟)를
'쓰'로 읽게 되면 '쓰(津)'와 일치하는 측면이 있다.

흥에 대해서는 일단 일본어로는 '고'로 읽을 수 있다. 따라
서 안코 천황의 이름이 아나호(穴穗)이기 때문에 음운상 아
나호의 '호'와 '고'를 유사한 발음으로 판단하고 흥을 안코로
보는 경향이 있다.

무에 대해서는 유랴쿠의 이름이 오하쓰세와카타케루(大泊
瀨幼武, 大長谷若建)라는 것을 근거로 들고 있다. 유랴쿠의 이
름에 '무(武)'라는 글자가 있기 때문에 무를 유랴쿠로 보는
것을 통설로 하고 있다.

그러나 이렇게 왜 5왕의 이름과 일본사서에 나오는 천황 이름의 발음과 음운을 분석하는 방법론에도 문제점은 있다. 어떤 경우에는 음으로 읽다가 어떤 경우에는 뜻으로 읽기도 하고 또한 유사한 글자로 판단하는 등 일관성이 없다. 어떻 게든 『송서』 왜 5왕의 이름과 일본사서 천황의 이름을 짜맞 추려 한다는 인상을 짙게 한다.

더욱이 『송서』에 진(珍)으로 쓰인 왜왕이 『양서』에서는 미 (彌)로 기재되어 있지만, 이것은 현재 『양서』의 오류인 것으 로 보고 있다. 『양서』 「왜국전」은 『송서』의 기록을 그대로 가 져다가 썼던 것으로 추정되는데, 이때 '珍'이 이체자인 '珎' 으로 쓰이고 이것이 '弥'로 오인되어 마지막에는 '彌'로 기 술되었던 것으로 판단된다. 그렇다면 애당초 '彌'라는 왜왕 은 없게 되고 결국 한제이의 이름인 미즈하와는 연결고리가 없어지는 꼴인 셈이 된다.

따라서 왜 5왕이 누구인가에 대해서는 왜왕의 이름을 통 해 분석하기보다는 다른 방법론으로 접근해야 할 필요가 있 다. 그래서 5세기 왜왕의 계보를 통해 이를 추정하는 방법을 택하고 있다.

중국의 사서를 통해 왜 5왕의 계보를 살펴보면 찬과 진 은 형제관계, 제와 흥은 부자관계, 그리고 흥과 무는 형제 관 계로 설정되어 있다. 그 가운데서 진(珍)과 제(濟)의 관계에 대해서『양서』는 미와 제를 부자관계로 위치시켜 놓았지만, 『송서』에서는 제와 진의 관계에 대한 아무런 언급이 없다.

이처럼『송서』에서 계보상 제와 진의 관계에 대해 부자 관계인지, 형제 관계인지 별도의 언급이 없는 것을 근거로 하여 찬-진과 제-흥-무가 각각 혈통관계가 다른 별개 왕통이라는 설이 제시되기도 하였다.

'별개 왕통설'은 제2차 세계대전 후 풍미했던 '기마민족정복왕조설(騎馬民族征服王朝說)'과 '왕조교체설(王朝交替說)'에 영향을 받은 바가 크다. 한반도에서 건너온 세력이 천황가가 되었다는 에가미나미오(江上波夫)의 기마민족정복왕조설과 일본 천황가가 하나의 계통이 아니라 3개의 왕조가 흥망을 거듭했다는 미즈노유(水野佑)의 왕조교체설이 왜 5왕이 2개의 별개 왕통이라는 논의에 크게 영향을 주었던 것이다.

그동안 일본은 그들의 사서인『고사기』와『일본서기』에 나오는 신화와 전승을 중심으로 하여 역사를 꾸려 왔다. 일본 천황의 경우 이들 사서에 따르면 기원전 660년경 초대 진무(神武)를 시작으로 해서 126대 나루히토(德仁)까지 왕통이 한 번도 바뀌지 않은 상태에서 내려오고 있는 것이다. 이런 왕조는 지구상에 일본밖에 없는데 이를 만세일계(萬世一系)라고 한다.

따라서 기마민족설과 왕조교체설이라고 하는 것은 당시

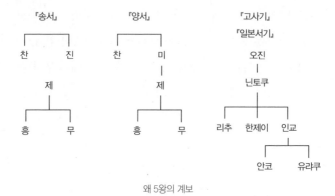

```
      『송서』                    『양서』                『고사기』
                                                         『일본서기』

   찬        진            찬        미                오진
                                                         │
         제                      제                     닌토쿠

   흥        무            흥        무         리추   한제이   인교
                                                            │
                                                       안코      유라쿠
```

왜 5왕의 계보

까지도 금기시되었던 천황가에 대한 담론을 이끌어냈다는
데 의의가 있었다. 물론 현재는 고고학적으로 증거가 불충
분하고 문헌도 일치하지 않는 부분이 있어 많은 지지를 얻
지 못하고 있는 실정이지만, 일본의 천황가가 6세기 이전에
는 하나의 왕계가 아니었을 가능성에 대해서는 많은 학자들
이 수긍하고 있는 등 현재까지 꾸준히 논쟁이 되고 있는 학
설이다.

　왜 5왕이 별개 왕통이라는 2개의 왕통설도 현재까지 영향
력을 미치고 있는 학설 중 하나다. 하지만 이에 대해서도 『송
서』에는 왜왕의 이름이 왜찬·왜제·왜수로 기록되어 있어서
왜(倭)를 성(姓)을 칭하고 있었기 때문에 별개 왕통이 아니라
는 반론도 설득력을 얻고 있다.

어쨌든 『양서』에서 진과 제의 관계를 부자 관계로 기술하고 있지만, 『송서』에서는 아무런 언급이 없다. 『양서』는 통상적으로 『송서』의 기록을 그대로 가져다 쓴 것으로 보인다. 그렇다면 『송서』에 아무런 언급은 없지만 진 이후에 제가 왕위계승을 하였기 때문에 단순히 『양서』에서 진과 제를 부자 관계로 기술했던 것은 아닐까? 만약 진과 제를 형제 관계로 본다면 어떤 상황이 될까?

일단은 『송서』에 나온 계보를 중심으로 일본의 사서와 비교를 하면 일부 유사성을 찾을 수 있는 부분이 있다는 점이 주목된다. 만약 진과 제의 관계를 부자 관계가 아니라 형제 관계로 본다면 일본의 사서에 나오는 일본 천황과 계보가 일치하는 부분이 있다.

즉, 『고사기』와 『일본서기』에는 리추의 동생이 한제이, 한제이의 동생이 인교이고 인교의 아들이 안코, 안코의 동생이 유랴쿠로 나온다. 이는 중국의 사서에서 찬의 동생이 진이고 제의 아들이 흥, 흥의 동생이 무로 설정되어 있는 것과 유사하며 진과 제를 형제관계로 본다면 계보상 일치하는 측면이 있는 것이다.

이렇게 계보상의 일치성을 근거해서 본다면 앞서 왜왕의 이름을 일본 사서의 천황 이름과 비교하여 추정해보았던 관계를 통해서도 제·흥·무에 대해서는 각각 인교·안코·유랴쿠로 비정할 수 있는 근거가 높아졌다. 『고사기』에 보이는 천황의 재위 연도를 통해서도 대략 제는 인교에, 흥은 안코에, 무는 유랴쿠에 비정할 수 있을 것이다.

다만 찬과 진에 대해서는 여러 가지 설이 존재하고 있는데, 특히 찬과 관련해서는 오진, 닌토쿠, 리추의 설로 나뉘어 있다.

왜왕 무와 와카타케루 대왕

일본학계에서는 대체적으로 5세기 말 유랴쿠의 시대를 획기적인 시대인 것으로 평가하고 있다. 5세기 말 유랴쿠를 기점으로 해서 야마토 정권이 이전의 호족 연합단계를 벗어나 전제왕권이 성립되었던 시기로 보고 있다.

즉, 5세기 말 유랴쿠로부터 야마토 정권에 의한 일본열도의 장악으로 보고 그것이 곧 국가체제가 완비된 것으로 상정하고 있는 것이다.

특히 『송서』에서 왜왕에게 제수되었다는 작호와 478년 송에 보낸 「상표문」을 근거로 왜왕 무를 『일본서기』의 유랴쿠로 보고 적어도 5세기 말 유랴쿠로부터는 일본열도가 야마토를 중심으로 하는 전제화가 이루어졌다는 통념이 일본학계에 깔려 있다.

그러나 앞서 언급한 대로 왜왕이 받은 도독제군사호의 경우 이것이 이민족국가 간에 현실적 규제력을 가지고 있었던 것이 아니라 명목적이고 형식적이며 실효성이 없는 칭호였던 것으로 보는 것이 타당하다.

또한 무의 「상표문」에 나오는 "동쪽으로 모인(毛人) 55국을 정벌하고, 서쪽으로 중이(衆夷) 66국을 복속시키고, 바다 건너 북으로 95국을 평정하여(東征毛人五十五國, 西服衆夷六十六國, 渡平海北九十五國)"의 경우 그 주안점은 일본열도 내에서 기나이(畿內) 지역을 중심으로 한 무가 선조들의 시대에 있었던 활동을 강조하기 위해 서술했던 것으로 여겨지며, 실제 그 지역을 정복하여 지배하였던 것으로 보는 것은 회의적이다. 그럼에도 유랴쿠의 시대를 시작으로 하여 일본열도가 야마토를 중심으

뒤　　앞

이나리야마고분 철검

로 하는 전제화를 이루었다는 통념이 일본학계에 깔려 있다.

이러한 의식형성 과정에 결정적으로 영향을 미친 것은 규슈(九州) 구마모토(熊本)에서 출토된 에다 후나야마고분(江田船山古墳)의 대도(大刀)와 동부 사이타마(埼玉)의 이나리야마고분(稲荷山古墳) 철검(鐵劍) 때문이다.

(에다 후나야마고분江田 船山古墳의 대도大刀)

治天下獲ロロロ鹵大王世　　奉ロ典曹人名无(利)弖　八月中用大鎬
釜并四尺廷刀 八十練六十捃三寸
上好扣刀　服此刀者長寿子孫注(洋)々得三恩也　不失其所統　作刀
者名伊太ロ　書者張安也

(천하를 다스리는 獲ロロロ鹵大王 시절, 典曹人으로 봉사한 无利弖가 8월 중에 큰 솥과 4척의 廷刀를 사용하여 80번 단련하고 60捃 3寸의 가장 좋은 칼을 만들었다. 이 칼을 가진 자는 장수하고 자손이 번영하여 三恩을 얻을 것이다. 그 통솔하는 바를 잃지 않을 것이다. 칼을 만든 자의 이름은 伊太ロ이고 글을 쓴 자는 張安이다.)

(이나리야마고분稲荷山古墳의 철검鐵劍)

(앞) 辛亥年七月中記乎獲居臣上祖名意富比垝其児多加利足尼其
児名弖已加利獲居其児名多加披次獲居其児名多沙鬼獲居其児名半
弓比

(앞) 辛亥年 7월 중에 기록한다. 오와케노오미(乎獲居臣)의 조
상의 이름은 오호히코(意富比垝), 그 아들은 다카리노스쿠네(多
加利足尼), 그 아들의 이름은 데요카리와케(弖已加利獲居), 그
아들의 이름은 다카하시와케(多加披次獲居), 그 아들의 이름은
다사키와케(多沙鬼獲居), 그 아들의 이름은 하테히(半弓比)

(뒤) 其児名加差披余其児名乎獲居臣世々為杖刀人首奉事来至今
獲加多支鹵大王寺在斯鬼宮時吾左治天下令作此百練利刀記吾奉事
根原也

(뒤) 그 아들의 이름은 가사하요(加差披余), 그 아들의 이름은
오와케노오미(乎獲居臣). 세세 杖刀人의 수장이 되어 봉사하여
온지 지금에 이르렀다. 獲加多支鹵大王이 시키궁(斯鬼宮)에 있
을 때 내가 천하를 다스리는 것을 도왔으므로 이 백련의 利刀
를 만들 것을 명하여 내가 봉사한 근원을 기록한다.

우선 일본학계에서는 대체적으로 이들 철검과 대도가 제

작된 시기를 5세기 중·후반로 보고 있다. 특히 『일본서기』에 등장하는 5세기 말 유랴쿠의 시대를 획기적인 시대로 보아 유랴쿠를 기점으로 해서 전제왕권이 성립되었던 시기로 평가하고 있는 상황에서 이들 명문은 『일본서기』를 합리화하는 데 이용되는 측면이 있다. 즉, 이나리야마고분 철검에 나오는 대왕을 규슈 구마모토에서 출토된 에다 후나야마고분의 대도 속의 대왕과 같은 인물로 보면서 5세기말 당시 규슈에서 간토 지방까지 대왕의 지배력이 미쳤다는 설이 강력하게 제기되기 시작했다.

이는 『송서』에 나오는 '동쪽으로 모인(毛人) 55국을 정벌하고, 서쪽으로 중이(衆夷) 66국을 복속시키고'의 내용을 야마토 정권이 세력을 펼치는 당시의 동아시아의 상황을 보여주는 것으로 평가하여 급기야 『송서』에 등장하는 왜왕 무를 『일본서기』의 유랴쿠와 동일시하여 적어도 5세기말 유랴쿠의 치세에는 일본열도가 야마토를 중심으로 하는 전제화가 이루어졌다는 관념이 만들어졌다.

대체적으로 명문의 '獲加多支鹵'를 와카타케루로 읽어 이 와카타케루를 유랴쿠와 동일 인물로 보고 이것을 다시 『송서』에 나오는 무와 일치시키면서 야마토 왕권이 서쪽의 규슈에서 동쪽의 간토 지역까지 권력을 미쳤다는 사실로 인식하여 이나리야마고분의 철검에 나오는 신해년(辛亥年)을 통상 471년으로 추정하고 있다.

그러나 이에 대해서는 몇 가지 문제점이 있다. 우선『송서』에서는 흥이 죽고 무가 즉위한 연도가 「왜국전」에 나와 있지 않지만, 「본기」와 「왜국전」을 비교하여 보면 무가 즉위하면서 도독제군사호를 자칭한 기록이『송서』순제기 승명 원년(477년) 11월조에 '왜국이 사신을 파견하고 방물을 바쳤다'는 기록과 대응되는 것으로 보인다. 특히 무의 경우 새로 교체되는 시기에 사신을 파견하였다는 것으로 보게 되면 왜왕 무가 즉위했던 연도는 477년이 되어 471년은 연대기로 무가 아닌 흥이 되기 때문에 '와카타케루대왕-무-471년' 주장은 타당하지 않게 된다.

또한 명문에는 '치천하(治天下)'와 같은 천하관이 등장한다. 만약 명문의 신해년을 471년이라고 한다면 이러한 사실은 이로부터 7년 후인 478년에 왜왕 무가 송에 「상표문」을 제출할 때의 인식과 배치되는 것이 아닐 수 없다. 무의 「상표문」에 나오는 '동쪽으로 모인(毛人) 55국을 정벌하고, 서쪽으로 중이(衆夷) 66국을 복속시키고, 바다 건너 북으로 95국을 평정하여'라는 기록은 왜왕이 일본열도의 영토 확대 사실을 칭송하기 위한 것이라기보다는 왜왕이 천하의 주재자인 중국 황제의 판도를 확대하였다는 내용으로 기록되어 있어 왜왕의 송에 대한 번국의 위치를 확실하게 하고 있다.

이처럼 왜왕 무가 송에 「상표문」을 보인 것은 중국왕조에 대한 복속의식이 깔려 있는 것이기에 '치천하'와 같은 천하관은 오히려 중국과의 국교관계가 단절된 후 일본 중심의 천하관으로 바뀐 후대의 인식으로 보아야 하는 것이 타당할 것이다. 따라서 이들 철검 또는 대도가 제작된 시기는 일본 중심의 천하관으로 바뀐 6세기 이후의 사실로 보아야 할 것이다.

또한 명문 내용을 보면 에다 후나야마고분의 대도의 경우 전조인(典曹人)으로 봉사했던 것을 기록하고 있으며, 이나리야마고분의 철검에서는 8대에 걸친 계보를 통해 세세 수장이 되어 대왕에게 봉사하여 왔던 것을 기록하고 있다. 대체적으로 자기 씨족의 혈통과 역사를 강조하고 번영을 추구하는 내용이 주를 이루고 있다. 즉 지방호족이 중앙에 직접 복속되어 있는 내용을 담고 있지 않으며 지방호족이 중앙에 대한 충성의 맹서와는 다른 내용으로 이루어져 있다. 오히려 이들 명문의 내용을 자세히 살펴보면 야마토 왕권의 직접 통제가 미치지 못한 지역인의 인식이 나타나고 있는 것을 알 수 있다.

이처럼 이들 대도와 철검을 지방호족들이 스스로 제작하고 있다는 것을 알 수 있기 때문에 지방호족들의 권위는 야마토 왕권이 인정함으로써 성립된 것이 아니라 지방호족 스스로 주장한 자의식의 반영임을 보여주고 있다.

이상과 같이 에다 후나야마고분의 대도와 이나리야마고
분 철검의 명문을 분석한 바에 따르면 이들 대도와 철검은
유랴쿠의 것으로 보기 어렵다. 또한 유랴쿠 시대의 치세에
들어서 유력 호족이 몰락했다는 흔적을 찾을 수 없다. 따라
서 유랴쿠 이전에 호족연합체제와는 다른 형태로 정치구조
가 변했다고 보기도 어려워 5세기 말에는 여전히 호족연합
단계에 있었다는 견해가 설득력을 얻고 있다. 즉 유랴쿠의
치세는 한 시대의 종말은 될 수 있어도 결코 새로운 시대의
출발점이 될 수 없어 새로운 왕권이 성립하는 6세기를 거쳐
가는 왕권형성의 전환기로 볼 수 있을 것이다.

결국 일본열도의 5세기는 고대 일본 왕권의 세력 변화에
극심한 변동이 있었던 시기로 보는 것에는 찬동할 수 있을
것이다. 그러나 5세기로부터 전제왕권이 확립되었다는 것을
의미하는 것이라기보다는 이후 6세기에 나타나는 변동과 맞
물려 전제왕권을 향한 과도기적 성격을 이루고 있다고 보는
편이 타당할 것이다.

제3장 왜 5왕 시대와 백제

도독제군사호

왜왕에 의한 도독제군사호는 438년 진에 의해 '왜(倭)·백제(百濟)·신라(新羅)·임나(任那)·진한(秦韓)·모한(慕韓) 육국제군사(六國諸軍事)'가 요구되었고 451년 제에게 '왜(倭)·신라(新羅)·임나(任那)·가라(加羅)·진한(秦韓)·모한(慕韓) 육국제군사(六國諸軍事)'가 제수되었다.

또한 477년 무에 의해 스스로 '왜(倭)·백제(百濟)·신라(新羅)·임나(任那)·가라(加羅)·진한(秦韓)·모한(慕韓) 칠국제군사(七國諸軍事)'가 칭해졌고 478년 무에게 '왜(倭)·신라(新

羅)·임나(任那)·가라(加羅)·진한(秦韓)·모한(慕韓) 육국제군
사(六國諸軍事)'가 제수되고 있다.

일단 이러한 도독제군사호에 대해 당시 실재하지 않는 진
한·모한의 지역이 들어가 있는 등 형식적이고 명목적인 작
호였다는 것은 앞에서 설명했던 바와 같다.

중국에서 작호를 내렸던 지역의 경우 지배권이 미치지 못
하거나 존재하지 않았던 지역에 제수했던 사례도 발견된다.
남조의 역대 왕조가 고구려에 책봉한 '도독영평2주제군사
(都督營平二州諸軍事)'의 경우 북조의 영역으로 고구려의 지
배권이 미칠 수 없는 지역이었고 북제(北齊)가 백제왕에게
수여한 '동청주자사(東靑州刺史)'도 실제 존재하지 않았던 행
정구역이었다. 따라서 왜왕이 받은 도독제군사호의 경우도
이처럼 명목적이고 실효성이 없는 칭호였다.

아무리 제와 무에 대해 송이 한반도 남부에 대한 도독제
군사호를 제수했다 하더라도, 5세기 당시 왜왕이 한반도 남
부에서 군사권을 행사할 수 있는 곳은 한 곳도 없었다. 그래
서 왜국이 송으로부터 작호를 인정받으려 했던 실질적인 목
적은 한반도와는 관련 없이 일본열도 내에서 야마토 정권이
그들 지역의 호족을 견제하고 왕권의 권위를 높이기 위한
국내용이었다는 시각도 있다.

이 시기에 일본 사료를 통해서도 실제 왜가 한반도 남부

에 군사적 지배권을 가졌다는 흔적을 찾을 수 없다. 오히려 5세기 당시의 한반도 남부에 영향력을 행사했던 것은 왜가 아니라 백제였다. 따라서 당시 한반도의 상황과 관련하여 5세기에 백제와 왜국의 관계가 어떠했는지를 살펴보는 것이 유효할 것이다.

왜왕 진과 백제의 비유왕

『삼국사기』를 보면 5세기 초에 들어오면서 그동안 고구려와 연결하였던 신라가 433년과 434년 백제와 화(和)하였다는 기록이 보인다.

백제도 비유왕(毗有王)대에 들어와서 신라와 교류하는 기록이 등장한다. 433년과 백제가 사신을 보내와 화의를 청하자 이에 응하였다는 내용이 있은 후, 434년에 신라에 사신을 파견하여 양마(良馬)와 백응(白鷹)을 보냈으며 신라도 양금(良金)과 명주(明珠)을 보내 화답함으로써 화친관계를 맺고 있다. 이때 백제가 신라와 화통했던 이유는 고구려에 대항하는 체제를 구축했던 것으로 보인다.

신라의 경우 『양직공도』에서 보는 바와 같이 6세기 초엽 백제의 영향력이 미치는 주변국으로 나타나고 있고 『양서』

에서도 신라는 스스로 사절을 보낼 수 없어서 백제를 따라 왔다는 기록이 있다. 따라서 과연 5세기에 나제동맹이라는 용어와 같이 신라가 백제와 대등하게 화친을 했을까하는 점에 대해서는 상당히 회의적인 부분이 많다. 비유왕대 들어 백제와 신라의 교류는 신라의 입장에서 볼 때 430년대 이후 고구려 중심의 구도에서 점차 백제 중심의 한반도 남부 구도로 바뀌는 정황을 보여주고 있다.

일단 제군사호에는 '왜(倭)·백제(百濟)·신라(新羅)·임나(任那)·가라(加羅)·진한(秦韓)·모한(慕韓)'의 국가가 언급되고 있다. 진한·모한이 들어 있어 진한·모한이 5세기 이후에도 존재한 것으로 보고『송서』의 내용을 사실로 보려는 경향이 일본 내에 있지만, 한반도의 남부가 5세기에 백제 중심으로 구도가 바뀌고 있는 정황을 보면 왜 5왕의 제군사권은 사실에 근거하지 않은 것이다. 어쨌든 진한·모한을 신라와 백제에 의해 소멸한 진한(辰韓)과 마한(馬韓)으로 보아 한반도에 존재했던 국가의 옛 명칭으로 판단한다고 하더라도 백제·신라·임나·가라·진한·모한의 경우 한반도 남부 전체를 망라하는 지칭인 것을 알 수 있다. 앞서 5세기대 백제가 한반도 남부의 중심 세력이었기 때문에 실제 백제·신라·임나·가라·진한·모한에 대한 도독제군사호는 원래 백제가 요구해야 하는 것이 타당하다. 그럼에도 불구하고 이를 왜가 요구하고 있는 셈이다.

장군호의 경우 왜왕이 백제의 진동장군보다 하위인 안동
장군을 요구하면서 백제를 포함하는 제군사호를 요구하고
있는 것은 모순이 아닐 수 없다. 이처럼 제군사호는 백제의
것을 차용하면서 왜왕이 안동장군을 요구했던 것은 이 시기
백제와 왜 사이에 무언가 기존의 흐름과 다른 변화가 있었
음을 암시하고 있다.

『삼국사기』 428년(비유왕 2년) 왜 사신의 방문 기록 이후
한동안 백제와 왜의 교류 현황이 나타나지 않는 것도 이 시
기에 백제와 왜국 간에 모종의 변화가 있었다는 것을 의미
하고 있다. 따라서 비유왕의 즉위 전후에 있었던 백제와 왜
의 관계를 면밀히 검토해보아야 할 필요가 있다. 우선 이는
백제와 왜국의 왕족 간에 있었던 혼인에 의해 촉발되었을
가능성이 있다. 이는 특히 백제 전지왕(腆支王)의 아들인 구
이신왕(久爾辛王)의 왕통과 연관이 있을 것으로 보인다.

『삼국사기』에는 전지왕의 아들인 구이신왕의 모친은 팔
수부인(八須夫人)으로 나온다. 그런데 팔수부인은 신라본기
와 달리 모계(母系)의 기록이 드문 『삼국사기』 「백제본기」에
서 왕후의 이름으로 기재되어 있는 것이 눈에 띈다. 또한 전
지왕이 왜국에 체류했던 정황이 있었기 때문에 당시 백제와
왜가 화친 관계를 통해 군사협력을 했던 것으로 상정하면

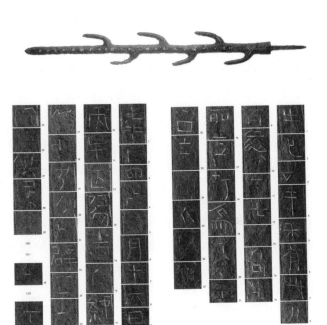

앞면   뒷면

백제 칠지도(위)와 그 명문(아래)

팔수부인이 왜왕의 딸 또는 여동생 등 왜인일 가능성은 매우 높다고 할 수 있다.

이소노카미신궁(石上神宮)에 보관된 백제의 칠지도(七支刀)를 통해서도 이러한 상황을 확인할 수 있다.

(앞면) 泰口四年十一月十六日丙午正陽造百練(鍊)七支刀(帶)辟百

兵宜供供侯王口口口口作

(뒷면) 先世以來未有此刀百濟王世(子)奇生聖音故爲倭王旨造傳示

後世

칠지도의 제작일에 대해서는 그동안 근초고왕 때인 369년으로 보았던 것이 통설이었다. 이는 명문에 보이는 '泰口四年'을 동진의 태화(太和) 4년으로 보아 369년으로 확정하였던 것이다. 하지만, 이에 대해 일단 칠지도는 백제에서 만들어진 것이고 아직까지 백제의 금석문에서 중국의 연호를 표기한 자료가 없기 때문에 동진의 연호로 볼 수 있을지는 의문이다.

기록상으로 백제가 동진에 처음으로 사신을 보냈던 것은 372년 정월이며 그해 6월에 백제왕 여구(근초고왕)가 '진동장군영낙랑태수(鎭東將軍領樂浪太守)'로 책봉되었다. 따라서 372년 이전에 백제가 동진에 사신을 파견한 기사가 없기 때문에 369년에 백제왕이 왜왕에게 보낸 칠지도에 동진의 연호인 '태화(泰和)'를 새겨놓았다고 볼 수 있을까? 또한 칠지도 명문의 앞 구절은 아무리 보아도 '泰和'로 보기 힘들다. 이를 중국의 연호로 보고 있는 것은 『일본서기』에 대한 선입관을 전제로 한 분석이라는 한계가 있다. 따라서 '泰口'의 경우를 백제의 연호로 볼 가능성이 큰 것은 사실이다.

물론 백제에서는 기년을 표시하는 데 별도의 독자적인 연호 없이 간지를 사용하였다는 기록이 『한원(翰苑)』 「괄지지」 등에 보인다. 하지만 백제가 간지를 사용했던 것은 금석문에도 6~7세기에 제한되고 문헌에서도 송의 원가력 사용 이후로 언급하고 있기 때문에 5세기 후반부터일 가능성이 높다.

백제 한성시대에 백제의 연호가 사용된 것은 아직 그 예를 발견할 수는 없지만, 4세기부터 백제와 치열하게 경쟁하고 있었던 고구려도 광개토왕비문에서 연호의 사용이 확인되며 이러한 상황에서 백제도 연호를 썼을 가능성은 높다. 신라도 6세기 지배체제를 갖추어나가는 상황에서 독자 연호를 설정하였던 것을 참작하면 백제도 6세기 이전에 독자적 연호를 사용했던 경험이 없다고 단정할 수는 없다.

사실 그동안 칠지도의 연호를 369년으로 보는 통설이 성립하려면 몇 가지의 전제가 수반되어야 한다. 앞서도 언급했듯이 명문의 연호를 '泰和'로 보기도 어려운 상태이지만, 만약 이를 '泰和'로 본다고 하더라도 泰和＝太和라는 해석 과정을 전제로 해야 한다. 또 하나의 과정을 더 거쳐야 하는데 그것은 병오(丙午)의 길상구설(吉祥句說)이다. 과거 칠지도 명문의 제작일을 '五月十六日'로 판독하였을 시기에는 태화(太和) 4년 369년의 경우 5월 16일이 병오(丙午)에 해당하지 않

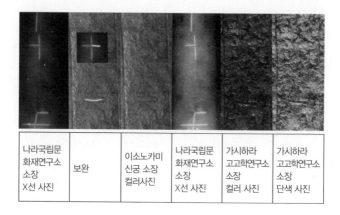

나라국립문 화재연구소 소장 X선 사진	보완	이소노카미 신궁 소장 컬러사진	나라국립문 화재연구소 소장 X선 사진	가시하라 고고학연구소 소장 컬러 사진	가시하라 고고학연구소 소장 단색 사진

고 을미(乙未)가 된다는 것이 문제점이었다. 그렇게 해서 이
러한 모순을 해결하기 위해 등장한 것이 길상구설이었다.

주조의 길일이며 화기가 강한 날을 5월 병오인 것으로 파
악하면서 칠지도에 나오는 '丙午'라는 것도 일간지와는 상
관없는 길상구에 불과하다고 해석했던 것이다.

그런데 X선 사진 촬영 결과 명문의 제작일이 '五月十六
日'이 아니라 '十一月十六日'로 볼 수 있게 된 것이다. 그렇
다면 이제는 5월이 아니라 11월이 되었으니 길상구가 아니
라 간지를 월일과 맞추어봐야 하는 상황이 되었다. 칠지도에
서 새로이 발견된 11월은 간과해서는 안 되는 중요한 내용
을 함축하고 있다. 즉, 제작일을 11월 16일 병오로 보았다는
것은 이젠 칠지도 제작일의 길상구설이 부정되었다는 것을

의미한다. 이러한 점은 현재까지 발견된 백제의 금석문 중에서도 간지가 월일과 불일치하는 사례는 없다는 것이 이를 확인해주고 있다.

옛 달력을 보면 369년 11월 30일이 병오인 것을 알 수 있다. 때문에 만약 칠지도 제작일이 369년이었다고 한다면 칠지도 명문에서 굳이 일간지를 어기면서까지 369년 11월 16일 병오로 새겼을까? 그렇다면 이젠 칠지도에 나오는 월일의 경우 역법상의 일간지와 일치하지 않는 단순한 길상구로 파악하는 것보다는 일간지가 일치하는 연도를 찾아보아야 할 것이다.

따라서 칠지도의 제작 연도로 추정할 수 있는 범위를 4세기 중엽에서 6세기까지로 한정하고, 11월 16일이 병오의 간지에 해당되는 연도를 『이십사삭윤표(二十史朔閏表)』 등을 통해 맞추어보면, 이들 연대 중에 명문의 재위 연수와 일치하는 것은 전지왕 4년(408년)임을 알 수 있다. 전지왕이 왜국에 체류했다 돌아와 즉위한 지 4년이 지난 해인 것이다.

따라서 칠지도 뒷면의 글자 '百濟王世子奇生聖音故爲倭王旨造'에 대해 그동안 다양한 해석이 있었지만, 384년 침류왕 원년 백제에 불교가 들어왔기 때문에 칠지도의 '聖音'은 불교 용어로 볼 가능성이 생겼다. '奇生'은 '진귀하게 태어나다'라고 해석할 수 있기 때문에 '奇生聖音'은 '성음(聖音)으로 진귀하게 혹은 신성하게 태어나다' 곧 부처님의 가호로 왕세자가 태어났다는 뜻이 된다.

이젠 칠지도가 408년 전지왕 때에 제작되었던 것으로 볼 수 있게 되어 여기서 진귀하게 태어난 백제 왕세자는 구이신(久爾辛)이 됨을 알 수 있다. 이처럼 칠지도는 구이신이 태어난 것을 왜국에 알리기 위해 만들어졌던 것이다. 팔수부인이 왜계이며 전지왕이 왜 왕실에 있으면서 왜왕의 혈족과 혼인을 했을 가능성은 더욱 높아진다.

그런데 구이신왕의 다음 왕인 비유왕에 대해서는 『삼국사기』에 구이신왕의 아들이라는 기록이 있지만, 분주에 전지왕의 서자라는 기록이 있다. 구이신왕은 재위 기간이 8년밖에 되지 않았으며 『일본서기』에서 구이신왕이 즉위할 당시 유년이었다고 기록했던 것을 볼 때 비유왕을 구이신왕의 아들로 보기는 어려울 것 같다. 또한 칠지도의 명문에 비춰볼 때 구이신왕은 408년에 태어나 즉위 시기의 나이는 12세로 서거 때의 나이는 20세 정도로 추정된다. 따라서 만약 구이신왕의 장자였다면 많아야 5세 전후의 어린아이였을 것이다. 그런데 『삼국사기』에는 비유왕에 대해 "외모가 아름답고 구변(口辯)이 있어서 사람들에게 추중(推重)을 받았다"고 기록하고 있다. 5세 전후의 어린아이에게 이러한 표현을 썼을리 없다. 따라서 비유왕은 전지왕의 서자일 가능성이 크다.

이처럼 비유왕이 전지왕의 서자라고 한다면 비유왕의 모계는 왜계가 아닌 백제계인 것으로 보인다. 그렇다면 유년에 즉위한 구이신왕이 재위 8년만인 427년 12월에 갑자기 서거를 한 것은 모종의 정변에 의한 것으로 추측된다. 이와 유사한 상황이 동성왕 이후 무령왕 등극의 상황에서도 보이므로 구이신왕은 모종의 정변으로 서거하고 백제계인 비유왕이 추증을 받아 왕위에 올랐을 것으로 짐작된다.

그렇다면 428년(비유왕 2년)에 왜가 백제에 사신을 파견하였다는 『삼국사기』의 기록은 비유왕 즉위에 대한 축하사절이라기보다는 구이신왕에 대한 조문사절일 가능성이 농후하다. 427년 12월에 구이신왕이 서거한 후 2개월 만인 428년 2월 왜의 사신과 종자(從者) 50명이 왔다는 기록은 왜국에서 구이신의 서거를 듣고 파견된 사신이라는 것을 짐작케 한다. 일단 왜국에서 구이신왕의 타살을 알게 되었고 이 때문에 백제와 왜의 관계에도 모종의 변화가 생겼던 것은 아닐까? 이처럼 왜가 한반도에 대한 제군사권을 요구하게 된 계기는 전지왕·구이신왕·팔수부인, 그리고 왜왕 찬·진 등이 서로 인척관계로 이루어졌기 때문이다.

구이신왕의 혈통이 반은 백제계통, 반은 왜계였기 때문에 왜의 입장에서는 구이신왕을 제거하고 집권한 비유왕의 정통성을 인정하지 않았을 가능성이 있다. 따라서 이 당시 백제가 영유하고 있던 한반도 남부에 대한 자신의 관할을 요구했던 것은 아닐까?

『삼국사기』에서는 백제 비유왕 이후 상당 기간 왜와의 교류 기록이 나타나지 않는다. 또한『일본서기』의 백제 관련 기사에서도 비유왕이 등장하지 않고 있다. 이것은 당시 백제와 왜 사이에 있었던 이러한 갈등 관계를 반영하는 것이라고 판단된다. 이러한 정황으로 왜는 자신이 실제로 한반도 남부와 관련이 없었음에도 불구하고 도독제군사호를 요청했던 것은 아닐까?

물론 그렇게 주장하게 된 동기에는 내부적인 계기도 있으리라고 생각된다. 대내적으로는 고구려와의 패배 경험에 따른 복수의식을 조장함으로써 당시 수장연합으로 구성되어 있는 일본열도 내 체제의 결속을 도모하기 위해 한반도 남부의 관할권을 주장하고 반고구려 노선의 맹주를 자처한 행위도 있었을 것이다. 왜왕의 이러한 행위는 왜국 조직 내부의 결속을 다지기 위한 기대효과를 노리고 행한 방편 중의 하나였을 것이다.

이처럼 한반도 남부의 중심 세력으로서 고구려와 대항하던 백제가 왜를 끌어들였던 시대 이후에 왜가 자신을 고구려에 대항하는 주체로 인식하기 시작했던 것은 백제와 왜 왕실이 소원한 관계에 있었던 정황과도 상당히 관련이 있을

법하다. 따라서 당시 왜왕의 한반도 남부에 대한 제군사권의 자칭이나 제수 요청은 실제 한반도 남부의 점유 및 지배와는 아무 관련이 없었던 것으로 오히려 이들 지역은 백제에 의해 점유되었던 것임을 알려주고 있다.

왜왕 무의 시대와 백제

478년 『송서』에 나오는 무의 「상표문」에서는 왜왕 무가 고구려의 무도함을 가장 전면에 내세우고 있다. 당시 고구려에 대한 적대의식은 백제를 비롯한 한반도 남부 세력의 의식임에도 불구하고 왜왕 스스로 적대의식을 표출하고 있는 것이다. 따라서 이러한 행위는 475년 백제가 고구려에 패해 한성을 버리고 웅진으로 도읍을 옮겼던 상황과 무관하지 않을 것으로 본다.

하지만, 이러한 고구려에 대한 대항의식은 원래는 백제가 표출해야 함에도 불구하고 왜에 의해 나타나고 있다. 즉, 고구려에 대항하는 한반도 남부 세력의 중심을 백제가 아닌 왜 자신이라고 하면서 암묵적으로 백제를 대체하려는 모습이 보이고 있는 것이다.

이러한 모습은 앞서 진이 스스로 사지절도독(使持節都督)

왜(倭)·백제(百濟)·신라(新羅)·임나(任那)·진한(秦韓)·모한(慕韓) 육국제군사(六國諸軍事) 안동대장군(安東大將軍) 왜국왕(倭國王)을 요청했을 때와 동일한 상황이다.

그렇다면 477년경 무가 자칭 도독제군사호를 주청했던 이유는 무엇이었을까? 이를 파악하기 위해서는 5세기 말 당시 백제와 왜의 상황이 어떠했는지를 고찰하여야 할 것이다. 비유왕대에 갈등관계를 보였던 백제와 왜의 관계가 다시 복원이 되는 것은 개로왕 때에 들어와서다.

『일본서기』 유랴쿠 2년조에는 「백제신찬」을 인용해 개로왕 즉위년조에 "모니부인(慕尼夫人)의 딸 적계여랑(適稽女郎)을 천황에게 바쳤다"는 기사가 있다. 물론 이 기록은 『일본서기』가 천황주의적 입장에서 기술된 것으로 본래는 백제와 왜의 혼인관계에 의한 화친 정황을 이야기해주는 것으로 판단된다.

통상 이 기록에 대해서는 『삼국사기』나 『삼국유사』에 개로왕이 455년 을미년에 즉위해서 475년 을묘년에 죽었던 것으로 되어 있어 개로왕의 치세에는 기사년이 존재할 수 없기 때문에 비유왕 때의 사건인 것으로 보아왔다. 그러나 『일본서기』에 나오는 간지를 절대적으로 정확하다고 장담할 수 없기 때문에 이 기사는 개로왕이 즉위를 하여 백제와 왜가 그동안의 소원했던 관계를 청산하고 새로이 화친을 맺는 출발점으로 보는 시각이 온당할 것이다.

이후 『일본서기』에는 유랴쿠 5년 4월조에 개로왕의 동생인 곤지(昆支)가 왜국에 간 기록이 보이면서 곤지가 왜국에 체류하게 된다. 곤지의 경우 461년경에 왜국으로 건너간 후 『삼국사기』 477년(문주왕 3년) 4월조에 내신좌평에 임명되었다는 기사가 보이기 때문에 적어도 477년 이전에는 백제로 돌아왔던 것을 알 수 있다. 그렇다면 곤지는 일본에서 15년 가까이 장기간 체류하고 있었던 것이다.

곤지가 왜국으로 간 이유에 대해서는 근본적으로 앞서 전지왕대에 있었던 백제와 왜 왕실과의 교류로 판단하면 군사를 청하기 위한 목적도 있었을 것이다. 하지만, 곤지의 경우가 전지왕의 그것과 차이가 나는 것은 461년 즈음의 상황이 즉각적인 군사의 지원이 필요했던 것도 아닌데다가 또한 475년 백제가 고구려에 침공을 당할 시기에도 왜가 한반도에 파병되었던 흔적을 볼 수 없다는 것이다. 따라서 곤지의 장기적인 체류는 그 근저에 군사 지원과 관련된 의제가 없지는 않았겠지만, 이와 동시에 백제의 대외전략에 입각하여 야마토 왕실 내에 친백제의 세력을 형성하기 위한 대외교류의 목적이 있었을 것으로 보인다.

이는 결국 장기적으로 백제가 현실적으로 처해 있는 당면한 과제, 고구려에 대항하는 체제로 한반도 남부와 왜를 포괄하고 있는 백제 중심의 구도를 만들어가기 위한 포석으로 파견되었던 것으로 판단된다. 무의 「상표문」에서 왜가 고구려의 무도함을 역설했던 것도 근본적으로는 백제가 가지고 있었던 고구려에 대한 대항의식이 왜왕에게도 투영되었던 것으로 보인다.

앞서 보았듯이 백제가 왜와의 화친을 실현하기 위한 방편 중의 하나로 혼인관계를 들 수 있다. 5세기 초 전지왕과 팔수부인 간에 혼인관계가 있었던 것처럼 5세기 말~6세기 백제와 왜의 관계에서도 이와 같은 관계가 지속되었던 것으로 판단된다.

『신찬성씨록(新撰姓氏錄)』에는 곤지의 후손이 일본에 남아있던 것으로 기록하고 있으며 그가 체류했다고 하는 지카쓰아스카(近つ飛鳥) 일대에는 아스카베신사(飛鳥戶神社) 및 아스카베천총(飛鳥戶千塚) 등의 고분이 자리하고 있어 곤지의 자손 일부가 일본에 남아 대를 이어 정주하고 있었던 정황이 보이고 있다. 특히 곤지의 경우 왜국으로 가고 난 후에 5명의 자식이 있었다는 기사가 보이고 있기 때문에 곤지가 일본에서 왜왕의 혈족과 혼인했을 가능성은 더욱 높다.

앞에서 언급했듯이 『삼국사기』에서 428년(비유왕 2년) 왜국 사신의 방문 기록 이후 한동안 백제와 왜의 교류 현황이 나타나지 않고 있는 정황, 그리고 『송서』에서 438년 왜왕 진에 의해 한반도 남부를 포함하는 제군사권이 주장되고 451년 제에게 육국제군사호가 제수되고 있는 사건으로 인해 비유왕의 치세에는 백제와 왜의 관계가 소원한 상태에 있었던 것으로 보인다. 하지만, 이후 개로왕대에 들어와서 백제와 야마토 정권 사이에서 다시 왕족 및 귀족 사이의 교류가 이어져 갈등이 해소되고 있는 것이다.

그런데 『일본서기』에 따르면 곤지가 왜로 간 이후 백제는 고구려와의 전쟁으로 인해 개로왕의 왕통계보가 끊어진 것으로 기록하고 있는 것이 주목된다. 475년 고구려의 한성 공격으로 수도가 함락당하고 국왕 및 대후, 왕자 등이 모두 적의 손에 죽었다고 기록하고 있다. 그렇다면 백제의 왕통계보에 있어서는 왜국에 체류하고 있던 곤지만이 생존해 있는 상황이 연출되고 있다.

문주왕의 경우는 『삼국사기』에 따르면 개로왕의 아들로 신라에서 구원병을 얻어 오는 인물로 그려지고 있다. 물론 왕도가 파괴되고 개로왕이 세상을 떠난 후이기 때문에 왕위에 올랐을 것이다.

그런데 곤지는 『삼국사기』 477년(문주왕 3년) 4월조에 내신좌평이 된 후 3개월 후인 그해 7월에 돌연 사망하고 있다. 이때의 상황은 『삼국사기』 문주왕 8월조에 병관좌평 해구(解仇)의 전횡 사실이 배치되어 있고 9월조에는 문주왕도 사냥

아스카베신사

을 나갔다가 해구에게 변을 당하였다는 기록을 통해 곤지도
해구에 의해 시해되었던 것으로 추정된다. 곤지가 내신좌평
에 임명된 지 한 달만에 왕의 사망과 같은 정치적 중대사를
예고하는 흑룡이 출현하고 있으며 불과 두 달 후에 돌연 사
망하였기 때문에 이는 곤지가 권력투쟁의 와중에서 피살되
었음을 시사해주고 있다.

즉, 권력을 장악한 해구가 문주왕을 시해했을 뿐만 아니
라 곤지까지도 피살되는 일대 사건이 일어난 것이다. 특히
곤지의 사망 이후 혼란해지는 백제 왕실의 정황으로 당시
백제에서 곤지의 정치적 위상이 어느 정도였는지를 가늠해
볼 수 있다. 곤지의 경우 좌현왕으로 개로왕 다음의 2인자로

서 왕위계승권에 가장 근접한 인물이었기 때문에 곤지의 사후 백제 왕실의 혼란은 더욱 가중되었을 것으로 보인다.

이렇게 백제왕실에 모종의 변화가 있었던 시기에 왜왕 무가 송조에 스스로 '사지절도독(使持節都督) 왜(倭)·백제(百濟)·신라(新羅)·임나(任那)·가라(加羅)·진한(秦韓)·모한(慕韓) 칠국제군사(七國諸軍事) 안동대장군(安東大將軍) 왜국왕(倭國王)'을 요구하고 있다. 당시 왜와 밀접한 관계에 있었던 곤지가 시해되는 등 백제에서 친왜국 세력이 타격을 받는 정황으로 인해 백제와 왜가 다시 소원했던 관계로 돌아갔음을 짐작할 수 있다.

이 또한 앞서 왜왕 진에 의해 도독제군사가 요구되었듯이 그동안 백제를 중심으로 한 남부의 체계를 백제왕실의 혼란을 계기로 왜왕이 차용하려 했던 것으로 보인다. 특히 곤지의 경우는 왜계와의 혼인으로 인해 왜왕과 인척관계를 맺고 있었으며 곤지가 왜에 오랜 기간 머무르면서 왜국에 곤지를 중심으로 한 친백제 세력이 형성되었던 것도 이러한 정황을 설명해줄 수 있는 근거라고 할 수 있다.

아마 이때 왜국에 남아 있던 동성왕을 제외하고 곤지를 비롯한 왜계 인물 등이 국내에서 함께 몰살당했을 개연성이 크다. 이와 같은 상황이 왜왕 무로 하여금 백제가 군사권을 행사할 수 있는 지역에 대한 제군사호 주장으로 나타나게

되었던 것으로 판단된다.

이러한 상황으로 보면 왜왕이 주장한 '왜(倭)·백제(百濟)·
신라(新羅)·임나(任那)·가라(加羅)·진한(秦韓)·모한(慕韓)의
7국제군사호'는 원래 백제와 왜를 포함하여 한반도 남부에
영향력을 행사했던 백제의 인식이다.

7국제군사호에서 7개의 가지가 달린 칠지도의 형상이 연
상된다. 백제를 중심으로 한 칠지도의 6개 가지 형상은 5세
기 당시 백제 중심의 구도에 편입된 6국의 상황을 이야기해
주고 있는 것은 아닐까?

5세기 한·일 관계에 대한 올바른 이해

·5세기 중국 남조(南朝)에 조공 외교를 했던 찬(讚)·진(珍)·
제(濟)·흥(興)·무(武)의 '왜(倭) 5왕(王)의 시대'는 일본 측의
역사서인 『고사기』와 『일본서기』에 나오는 천황의 재위 연
대와 일치하지 않아 수수께끼를 불러일으키는 시대이기도
하다.

하지만 지금까지 계보상의 일치성을 근거로 하면 진·제·
흥·무에 대해서는 각각 한제이·인교·안코·유랴쿠로 비정
할 수 있을 것이다.

다만 찬(讚)에 대해서는 여러 가지 설이 존재하고 있다. 일
단 『일본서기』를 통해 보면 후대에 윤색·삽입되었던 것이

분명한 진구(神功)나 오진(應神)의 경우 실재하지 않았을 가능성이 크다. 따라서 『송서』에 보이는 왜왕 찬의 행적은 『일본서기』의 편찬자에 의해 오진, 리추대의 기록으로 대체하여 설정되었던 것으로 추정된다.

역시 한·일 학계에서 왜 5왕에 대한 뜨거운 감자는 『송서』 등 중국의 사료에 등장하는 한반도 남부에 대한 제군사권의 자칭과 제수 요청 문제일 것이다. 그러나 이 시기에 실제 왜가 한반도 남부에 군사적 지배권을 가졌다는 흔적은 여타 사료에 보이지 않는다. 또 만약 도독제군사호가 현실적 규제력을 갖고 있었다면 왜국의 안동장군(安東將軍)보다 상위인 진동장군(鎭東將軍)을 받은 백제에 대해 왜국이 제군사호(諸軍事號)를 요구할 수 있는 입장이 될 수 없었을 것이다.

또한 중국에서 책봉을 통해 나타난 작호에 대해 살펴보면, 작호에 나타난 지역이 피책봉국의 지배권이 미치지 못하거나 아예 존재하지 않았던 지역도 있었다는 사실을 확인할 수 있다. 결국 중국이 고려했던 것은 현실적 규제력이 아니라 피책봉국이 요구하는 것을 그대로 들어주면서 내면에는 피책봉국을 자신이 의도하는 방향으로 이용하고자 하는 심산이 있었던 것이다.

결국 도독제군사호를 자칭하고 제수했던 왜왕의 인식은 원래 고구려에 대한 패배 의식에서 나온 백제의 인식이었으며, 왜국이 백제와 소원한 관계 속에서 자신들이 국제적으로 백제나 고구려와의 관계에서 우위를 점하고 싶어하는 의도가 엿보이는 부분이다. 따라서 도독제군사호를 근거로 하여 야마토 정권이 한반도 남부까지 군사적 지배권을 가진 것으로 이해하고 있는 일본 학계의 견해는 타당하지 않다는 것이 밝혀졌다. 일본중심주의의 인식체계가 만들어낸 가공의 인식이었던 셈이다.

끝으로 '인물로 보는 일본역사' 시리즈에 참여해주신 모든 선생님의 노고에 감사한 마음을 올리며 이 책이 나오기까지 힘써주신 살림출판사에 감사의 말씀을 드린다.

관련 사료

『晉書』本紀

義熙九年. 是歲 高句麗倭國及西南夷銅頭大師 並獻方物.

『宋書』倭國傳

倭國 在高驪東南大海中 世修貢職. 高祖永初二年 詔曰 倭贊萬里修貢 遠誠
宜甄 可賜除授 太祖元嘉二年 贊又遣司馬曹達奉表獻方物. 贊死 弟珍立
遣使貢獻. 自稱使持節 都督倭百濟新羅任那秦韓慕韓六國諸軍事 安東
大將軍 倭國王. 表求除正 詔除安東將軍 倭國王. 珍又求除正倭隋等十三
人平西 征虜 冠軍 輔國將軍號 詔並聽. 二十年 倭國王濟遣使奉獻 復以
爲安東將軍 倭國王. 二十八年 加使持節 都督倭新羅任那加羅秦韓慕韓
六國諸軍事 安東將軍如故. 并除所上二十三人軍 郡. 濟死 世子興遣使貢
獻. 世祖大明六年 詔曰 倭王世子興 奕世載忠 作籓外海 稟化寧境 恭修

貢職. 新嗣邊業 宜授爵號 可安東將軍 倭國王. 興死 弟武立 自稱使持節

　都督倭百濟新羅任那加羅秦韓慕韓七國諸軍事 安東大將軍 倭國王.

順帝升明二年 遣使上表曰 封國偏遠 作藩於外 自昔祖禰 躬擐甲冑 跋涉

　山川 不遑寧處. 東征毛人五十五國 西服眾夷六十六國 渡平海北九十五

　國 王道融泰 廓土遐畿 累葉朝宗 不愆于歲. 臣雖下愚 忝胤先緒 驅率所

　統 歸崇天極 道遙百濟 裝治船舫 而句驪無道 圖欲見吞 掠抄邊隸 虔劉

　不已 每致稽滯 以失良風. 雖曰進路 或通或不. 臣亡考濟實忿寇仇 壅塞

　天路 控弦百萬 義聲感激 方欲大舉 奄喪父兄 使垂成之功 不獲一簣. 居

　在諒闇 不動兵甲 是以偃息未捷. 至今欲練甲治兵 申父兄之志 義士虎賁

　文武效功 白刃交前 亦所不顧. 若以帝德覆載 摧此彊敵 克靖方難 無替

　前功. 竊自假開府儀同三司 其餘咸各假授 以勸忠節. 詔除武使持節 都督

　倭新羅任那加羅秦韓慕韓六國諸軍事 安東大將軍 倭王.

『宋書』本紀

元嘉七年. 春正月. 是月 倭國王遣使獻方物.

元嘉十五年. 夏四月己巳 以倭國王珍爲安東將軍. 是歲 武都王 河南國 高

　麗國 倭國 扶南國 林邑國竝遣使獻方物.

元嘉二十年. 是歲 河西國 高麗國 百濟國 倭國竝遣使獻方物.

元嘉二十八年. 秋七月甲辰 安東將軍倭王倭濟 進號安東大將軍.

大明四年. 十二月丁未 倭國遣使獻方物.

大明六年. 三月壬寅 以倭國王世子興 爲安東將軍.

昇明元年. 冬十一月己酉 倭國遣使獻物.

昇明二年. 五月戊午 倭國王武遣使獻方物 以武爲安東大將軍.

『南齊書』 倭國傳

建元元年 進新除使持節 都督倭新羅任那加羅秦韓慕韓六國諸軍事 安東大
　　將軍 倭王武號爲鎭東大將軍.

『梁書』 倭傳

晉安帝時有倭王贊　贊死立弟彌　彌死立子濟　濟死立子興　興死立弟武
　　齊建元中 除武持節督倭新羅任那伽羅秦韓慕韓六國諸軍事鎭東大將
　　軍. 高祖卽位 進武號征東將軍.

『梁書』本紀

天監元年. 夏四月戊辰 車騎將軍高句驪王高雲進號車騎大將軍. 鎭東大將

軍百濟王餘大進號征東大將軍. 安西將軍宕昌王梁彌進號鎭西將軍. 鎭

東大將軍倭王武進號征東大將軍. 鎭西將軍河南王吐谷渾休留代進號征

西將軍.

참고문헌

『古事記』『南齊書』『三國史記』『三國志』『宋書』『新撰姓氏錄』『日本書紀』
『晉書』『梁書』『翰苑』『後漢書』

김현구·박현숙·우재병·이재석,『일본서기 한국관계기사 연구』, 일지사,
2002.

연민수,『고대한·일관계사』, 도서출판 혜안, 1998.

한·일관계사연구논집 편찬위원회 편,『왜 5왕 문제와 한·일관계』한·일관계
사연구논집2, 경인문화사, 2005.

홍성화,『한·일고대사 유적답사기』, 삼인, 2008.

홍성화·송완범·김보한·신동규,『전근대 일본의 영토인식』, 동북아역사재단,
2012.

藤間生大,『倭の五王』, 岩波新書, 1968.

笠井倭人, 『研究史 倭の五王』, 吉川弘文館, 1973.

石原道博, 『訳註中国正史日本伝』, 国書刊行会, 1975.

村山正雄, 『石上神宮七支刀銘文圖錄』, 吉川弘文館, 1996.

大橋信弥, 『日本古代の王權と氏族』, 吉川弘文館, 1996.

坂元義種, 『古代東アジアの日本と朝鮮』, 吉川弘文館, 1978.

鈴木勉·河內國平, 『復元七支刀―古代東アジアの鉄·象嵌·文字』, 雄山閣,
   2006.

河內春人, 『倭の五王―王位継承と五世紀の東アジア』, 中央公論新社,
   2018.

김기섭, 「5세기 무렵 백제 渡倭人의 활동과 문화전파」, 『왜 5왕 문제와 한·
   일 관계』, 한·일 관계사연구논집 2, 2005.

김현구, 「백제와 일본 간의 왕실외교―5세기를 중심으로」, 『백제문화』 31,
   2002.

김현구, 「5세기 한반도 남부에서 활약한 倭의 實體」, 『日本歷史硏究』 29,
   2009.

盧重國, 「5世紀 韓日關係史―『宋書』 倭國傳의 검토」, 『한·일역사공동연구
   보고서(제1분과 편)』, 한·일역사공동연구위원회, 2005.

서보경, 「5세기의 高句麗와 倭國」, 『百濟硏究』 43, 2006.

石井正敏, 「5世紀 日韓關係―倭의 五王과 高句麗, 百濟」, 『한·일역사공동
   연구보고서(제1분과 편)』, 한·일역사공동연구위원회, 2005.

梁起錫,「5세기 百濟와 倭國의 관계」,『왜5왕 문제와 한·일 관계』, 한·일 관계사연구논집 2, 2005.

李根雨,「稲荷山古墳 鐵劍과 船山古墳 大刀」,『한국고대사논총』1, 1991.

이기백,「백제왕위계승고」,『역사학보』11, 1959.

이도학,「漢城末 熊津時代 百濟王位繼承과 王權의 性格」,『韓國史硏究』50·51, 1985.

이영식,「五世紀 倭國王의 爵號에 보이는 韓南部諸國名의 意味」,『史叢』34, 고대사학회, 1988.

李在碩,「日本 古代 雄略朝의 歷史像」,『日本歷史硏究』9, 1999.

李在碩,「5세기 倭王의 對南朝外交와 통교단절의 요인」,『日本歷史硏究』13, 2001.

李在碩,「宋書 倭國傳에 보이는 倭王(武) 上表文에 대한 검토」,『新羅文化』24, 2004.

鄭載潤,「百濟 王族의 倭 派遣과 그 性格」,『百濟硏究』47, 2008.

조경철,「백제 칠지도의 제작 연대 재론: 병오정양(丙午正陽)을 중심으로」,『백제문화』42, 2010.

洪性和,「石上神宮 七支刀에 대한 一考察」,『韓日關係史硏究』34, 2009.

洪性和,「5세기 百濟의 정국변동과 倭 5王의 작호」,『한국고대사연구』60, 2010.

홍성화,「5세기 한반도 남부의 정세와 倭」,『동아시아 속의 한·일 관계사』上, 고려대학교 일본사연구회 편, 2010.

江烟武,「四~六世紀の朝鮮三國と日本-中國との冊封をめぐって」,『古代
の日本と朝鮮』, 學生社, 1974.

岸俊男,「稲荷山古墳出土鐵劍の読みについて」,『歴史公論』5-5, 1979.

鈴木英夫,「倭王武上表文の基礎的考察」,『古代の倭國と朝鮮諸國』, 靑木書
店, 1996.

千寬宇,「廣開土王碑と任那問題」,『韓』2·3, 1973.

프랑스엔 〈크세주〉, 일본엔 〈이와나미 문고〉, 한국에는 〈살림지식총서〉가 있습니다.

왜 5왕 수수께끼의 5세기 왜국 왕

펴낸날	초판 1쇄 2019년 8월 30일

지은이	홍성화
펴낸이	심만수
펴낸곳	(주)살림출판사
출판등록	1989년 11월 1일 제9-210호

주소	경기도 파주시 광인사길 30
전화	031-955-1350 팩스 031-624-1356
홈페이지	http://www.sallimbooks.com
이메일	book@sallimbooks.com

ISBN	978-89-522-4068-2 04080
	978-89-522-0096-9 04080 (세트)

※ 값은 뒤표지에 있습니다.
※ 잘못 만들어진 책은 구입하신 서점에서 바꾸어 드립니다.
※ 각각의 그림에 대한 저작권을 찾아보았지만, 찾아지지 못한 그림은
   저작권자를 알려주시면 그에 맞는 대가를 지불하겠습니다.

이 도서의 국립중앙도서관 출판시도서목록(CIP)은 서지정보유통지원시스템 홈페이지
(http://seoji.nl.go.kr)와 국가자료공동목록시스템(http://www.nl.go.kr/kolisnet)에서
이용하실 수 있습니다.(CIP제어번호: CIP2019028894)

책임편집·교정교열 **최정원 이상준** 지도 일러스트 **김태욱**

인물로 보는 일본역사 시리즈 전11권

홍성화 외 10인 지음

2019년 3·1 운동 100주년 기념, 2020년 8·15 광복 75주년을 기념하여 일본사학회가
기획한 시리즈. 가깝지만 멀기만 한 일본과의 관계를 돌아보기 위해 한국사와 밀접한 대표
적인 인물 11명의 생애와 사상을 알아본다.

577 왜 5왕(倭 五王)
수수께끼의 5세기 왜국 왕 (인물로 보는 일본역사 1)

홍성화(건국대학교 글로컬캠퍼스 교양대학 역사학 교수) 지음

베일에 싸인 왜 5왕(찬·진·제·흥·무)의 실체를 파헤침으로써 5세기 한일관
계의 실상을 재조명한다.

키워드 🔍

#왜국 #왜왕 #송서 #사신 #조공 #5세기 #백제 #중국사서 #천황 #고대

578 소가씨 4대(蘇我氏 四代)
고대 일본의 권력 가문 (인물로 보는 일본역사 2)

나행주(건국대학교 사학과 초빙교수) 지음

일본 고대국가에 커다란 족적을 남긴 백제 도래씨족 소가씨. 그중 4대에 이
르는 소가노 이나메(506?~570)·우마코(551?~626)·에미시(?~645)·이루카
(?~645)의 생애와 업적을 알아본다.

키워드 🔍

#일본고대 #도래인 #외척 #불교 #불교문화

579 미나모토노 요리토모(源賴朝)
무사정권의 창시자 (인물로 보는 일본역사 3)

남기학(한림대학교 일본학과 교수) 지음

무사정권의 창시자 미나모토노 요리토모(1147~1199)의 파란만장한 생애와 사
상의 전모를 밝힌다.

키워드 🔍

#무사정권 #가마쿠라도노 #무위 #무인 #신국사상 #다이라노 기요모리 #고시라카와
#최충헌

580 도요토미 히데요시(豊臣秀吉)

일본 통일을 이루다 (인물로 보는 일본역사 4)

이계황(인하대학교 일본언어문화학과 교수) 지음

동아시아 국제전쟁으로서의 임진왜란과 난세를 극복하고 일본천하를 통일한 도요토미 히데요시(1537~1598)를 통해, 일본을 접근해본다.

키워드 🔍

#센고쿠기 #오다 노부나가 #도쿠가와 이에야스 #임진왜란 #강화교섭 #정유재란

581 요시다 쇼인(吉田松陰)

일본 민족주의의 원형 (인물로 보는 일본역사 5)

이희복(강원대학교 일본학과 교수) 지음

일본 우익사상의 창시자 요시다 쇼인(1830~1859). 그가 나고 자란 곳 하기시(萩市)에서 그의 학문과 사상의 진수를 눈과 발로 확인한다.

키워드 🔍

#병학사범 #성리학자 #국체사상가 #양명학자 #세계적 보편성 #우익사상 #성리학

582 시부사와 에이이치(渋沢栄一)

일본 경제의 아버지 (인물로 보는 일본역사 6)

양의모(인천대학교 동북아 통상학과 강사) 지음

경제대국 일본의 기초를 쌓아올린 시부사와 에이이치(1840~1931). '일본 경제의 아버지'라 불리는 그의 삶과 활동을 조명한다.

키워드 🔍

#자본주의 #부국강병 #도덕경제론 #논어와 주판 #민간외교 #합본주의

583 이토 히로부미(伊藤博文)

일본의 근대를 이끌다 (인물로 보는 일본역사 7)

방광석(동국대학교 대외교류연구원 연구교수 · 전 일본사학회 회장) 지음

침략의 원흉이자 근대 일본의 기획자 이토 히로부미(1841~1909)의 생애를 실증적·객관적으로 살펴본다.

키워드 🔍

#입헌 정치체제 #폐번치현 #대일본제국헌법 #쇼카손주쿠 #천황친정운동 #을사늑약
#한국병합

584 메이지 천황(明治天皇)

일본 제국의 기초를 닦다 (인물로 보는 일본역사 8)

박진우(숙명여자대학교 일본학과 교수) 지음

메이지 천황(1852~1912)의 '실상'과 근대 이후 신격화된 그의 '허상'을 추적한다.

키워드 🔍

#메이지유신 #메이지 천황 #근대천황제 #천황의 군대

585 하라 다카시(原敬)

평민 재상의 빛과 그림자 (인물로 보는 일본역사 9)

김영숙(고려대학교 한국사연구소 연구교수) 지음

일본 정당정치의 상징이자 식민지 통치의 설계자. 평민 재상 하라 다카시(1856~1921)를 파헤친다.

키워드 🔍

#정당정치 #문화정책 #내각총리대신 #평민 재상 #입헌정우회 #정우회

586 히라쓰카 라이초(平塚らいてう)

일본의 여성해방운동가 (인물로 보는 일본역사 10)

정애영(경상대 · 방송통신대 일본사 · 동아시아사 강사) 지음

일본의 대표 신여성 히라쓰카 라이초(1886~1971). 그녀를 중심으로 일본의 페미니즘 운동과 동아시아의 신여성을 조명한다.

키워드 🔍

#신여성 #세이토 #신부인협회 #일본의 페미니즘 #동아시아 페미니즘 운동
#동아시아 신여성

587 고노에 후미마로(近衛文麿)

패전으로 귀결된 야망과 좌절 (인물로 보는 일본역사 11)

김봉식(고려대학교 강사) 지음

미 · 영 중심의 국제질서에 도전하고 독일 · 이탈리아와 동맹을 강화하여 전쟁의 참화를 불러온 귀족정치가. 고노에 후미마로(1891~1945)의 생애와 한계를 살펴본다.

키워드 🔍

#중일전쟁 #태평양전쟁 #신체제 #일본역사

eBook 표시가 되어있는 도서는 전자책으로 구매가 가능합니다.

㈜살림출판사
www.sallimbooks.com
주소 경기도 파주시 문발동 522-1 | 전화 031-955-1350 | 팩스 031-955-1355